População negra, escravismo e educação no Brasil:
séculos XIX e XX

Vera Lúcia Nogueira
(Organizadora)

População negra, escravismo e educação no Brasil:

séculos XIX e XX

MAZZA
edições

POPULAÇÃO NEGRA, ESCRAVISMO E EDUCAÇÃO NO BRASIL – SÉCULOS XIX E XX

COLEÇÃO PENSAR A EDUCAÇÃO PENSAR O BRASIL

Capa
Túlio Oliveira

Revisão
Lucieni Santos

Projeto Gráfico e diagramação
Casadecaba Design e Ilustração

P831 População negra, escravismo e educação no Brasil: séculos XIX e XX / Vera Lúcia Nogueira (organizadora). – Belo Horizonte : Mazza Edições, 2015.

176 p. ; 16x23 cm. (Coleção Pensar a Educação Pensar o Brasil. Série Estudos Históricos)

ISBN: 978-85-7160-653-1

1. Brasil – Negros – Educação. 2. Discriminação na Educação. 3. Racismo – Brasil. 4. Brasil – Séculos XIX e XX. I. Nogueira, Vera Lúcia. (org.)

CDD: 370.981
CDU: 376.74:981

PRODUÇÃO GRÁFICO-EDITORIAL
MAZZA EDIÇÕES LTDA.
Rua Bragança, 101 – Pompeia
30280-410 BELO HORIZONTE – MG
Telefax: + 55 (31) 3481-0591
email: edmazza@uai.com.br
site: www.mazzaedicoes.com.br

Sumário

APRESENTAÇÃO

No ano de 2008, o projeto *Os significados da escolarização para a população negra de Minas Gerais no século XIX*, desenvolvido no Centro de Pesquisa em História da Educação da Faculdade de Educação da UFMG sob a coordenação do professor Luciano Mendes de Faria Filho, foi agraciado com uma bolsa do Programa Nacional de Pós-Doutorado (PNPD) para um período de cinco anos, custeada pelo Conselho Nacional de Desenvolvimento Científico e Tecnológico (CNPq). A ideia de submeter o Projeto ao edital do PNPG foi do professor Marcus Vinícius Fonseca, integrante de Centro de Pesquisa, cujas investigações vinham privilegiando essa temática.[1] O Projeto refletia, portanto, o interesse e o investimento de vários pesquisadores do Centro com a história da educação da população negra e/ou pobre no Brasil e, mais especificamente, em Minas Gerais, no século XIX.

Depois de várias décadas sem receber maiores atenções dos historiadores da educação, provavelmente por terem acreditado, excessivamente, no enquadramento de Fernando Azevedo para o período, situado, segundo ele, entre o esplendor da ação jesuítica e a emergência das reformas escolanovistas, o século XIX voltou, no final da década de 1990, a receber uma maior atenção dos investigadores da área. Contra uma imagem de um período marcado pela ausência de iniciativas estatais e da baixa

[1] Marcus Vinícius foi orientando da professora Cynthia Veiga, no Mestrado da FaE/UFMG e, sob a orientação da professora Marta Maria Chagas de Carvalho realizou seu doutoramento na Universidade de São Paulo, em 2007. Sua Tese de Doutorado, intitulada *Pretos, pardos, crioulos e cabras nas escolas mineiras do século XIX*, foi, posteriormente, publicada sob o título de *População negra e educação: um perfil racial das escolas mineiras no século XIX*. Belo Horizonte: Ed. Mazza, 2009. 247 p, com o apoio do PNPD-CNPq.

importância da educação para a população, as pesquisas demonstravam uma riqueza imensa de iniciativas de diversos sujeitos e instituições pela expansão da escolarização em quase todo o país. Particularmente em Minas Gerais, um grupo significativo de pesquisadores voltava sua atenção para o período e trazia à tona uma realidade até então muito pouco compreendida pelas investigações anteriores.

Uma das revelações mais surpreendentes das investigações realizadas foi, justamente, o grande investimento de várias parcelas da população na escolarização de seus filhos. E, definitivamente, não se tratava apenas de um investimento das camadas mais ricas da sociedade. Paulatinamente, as pesquisas foram revelando uma escola pública frequentada por uma população majoritariamente pobre e, muito frequentemente, negra.[2]

O Projeto tinha, originalmente, o objetivo de *analisar o significado da escolarização para a população negra como uma dimensão da manifestação de uma articulação entre educação e raça no contexto de estruturação das políticas de instrução pública, durante o século XIX*. Ao longo dos cinco anos de financiamento, foram cinco os pesquisadores que usufruíram da bolsa do PNPG, a começar pelo próprio Marcus Vinícius. Ao final dos sessenta meses, todos os beneficiados pela bolsa estavam vinculados a diferentes universidades brasileiras, numa clara demonstração dos investimentos dos bolsistas e dos positivos resultados do Programa. No transcurso desses anos, o Projeto original foi sendo reinterpretado à luz de novas fontes, objetos e temas, tendo em vista a formação, os interesses e as trajetórias de investigação anteriores dos agraciados com a bolsa, porém, sem perder de vista o eixo de articulação entre a educação e a questão racial. Dessa forma, a preocupação central que perpassava a proposta inicial permaneceu: a questão da educação das pessoas negras e pobres no século XIX.

Este livro, que ora apresentamos ao leitor, traduz os resultados das pesquisas realizadas no âmbito do Projeto pelos diferentes pesquisadores e pelo supervisor do Estágio Pós-Doutoral. Apresentados na sequência do ingresso no Projeto, os textos aqui reunidos colocam-nos diante de itinerários diversos, mas que convergem no propósito de compreender as relações estabelecidas entre as questões raciais e a educação

---

[2] Destacam-se, nesse caso, as investigações realizadas e orientadas pela professora Cynthia Greive Veiga. Ver: VEIGA, Cynthia Greive. Escola pública para os negros e os pobres no Brasil: uma invenção imperial. *Revista Brasileira de Educação*, v. 13, p. 502-517, 2008.

sob diferentes óticas, tais como a da obrigação escolar, do pensamento de intelectuais, juristas e dos anúncios de jornais.

O tema da obrigatoriedade da instrução elementar é problematizado por Marcus Vinícius Fonseca, no texto "População negra e o estabelecimento da obrigatoriedade escolar em Minas Gerais em 1835", a partir da relação entre a Lei nº 13 e o perfil da população da província. A despeito da aprovação dessa lei, que representou o reconhecimento da importância que o governo mineiro conferiu à educação da população pobre, os dados apresentados por Marcus Vinícius indicam que essa legislação assumiu caráter puramente simbólico, visto não ter representado aumento efetivo das matrículas nas escolas mineiras.

Com meticulosidade e rigor, o autor apropria-se de dados quantitativos, extraídos de listas nominativas e dos relatórios dos presidentes e constrói uma metodologia própria *para calcular a população em idade escolar nos distritos* e verificar como se deu o seu atendimento nas escolas. Por meio de diversos gráficos, indaga a legislação e os dados oficiais, questiona as matrículas das escolas e vai enredando seus argumentos de modo a compreender as implicações da obrigatoriedade no processo de escolarização em Minas. Sua narrativa dialoga com relatos de viajantes que pelas Minas passaram e com as *memórias de indivíduos que vivenciaram o processo de escolarização durante a primeira metade do século XIX*. Argumenta que as interpretações dos historiadores quanto à dimensão simbólica da obrigatoriedade na *demarcação da ação estatal em relação às questões ligadas à infância e à formação de uma sociedade com feições modernas* têm coerência e sintonia com o significado que a escolarização assume no curso da modernidade, mas que no contexto mineiro outros são os significados, principalmente quando se leva em conta a singularidade da estrutura demográfica da província, ou *seja, o perfil racial de sua população.* Essa particularidade seria, para Marcus Vinícius, a justificativa subjacente à relação entre educação e civilização e, bem assim, à necessidade de difusão da instrução elementar na província de Minas Gerais, ou seja, a *definição da obrigatoriedade escolar pode ser concebida como uma representação de um ideário civilizatório que entendia que a educação tinha um papel fundamental no processo de controle da população.* Dessa forma, o autor conclui que *a ideia de civilizar o povo pode ser tomada como algo que comporta um nível de articulação entre educação e raça.*

Essa articulação também é objeto da análise de Juliana Cesário Hamdan, em "Moral ou economia: a questão escravista no pensamento de Tavares Bastos (1861-1870)". A autora assume o desafio de revisitar algumas das principais obras do intelectual alagoano buscando compreender as ideias que se articulam *em torno de questões candentes à época* e *identificar as permanências e rupturas* relativas à *questão da escravidão* [...] *em sua trajetória como político e escritor.* Como muitos de seus contemporâneos políticos, Tavares Bastos lançou mão da *estratégia de escrever e publicar suas ideias e ideais em jornais, panfletos e livros.*

Estabelecendo franco diálogo com os principais biógrafos e prefaciadores de suas obras, Juliana Hamdan persegue seu objetivo, vasculhando três das principais obras de Tavares Bastos. A primeira, *Os males do presente e as esperanças do futuro* (1939), reúne quatro opúsculos, produzidos em diferentes datas, que foram relativamente pouco conhecidos na ocasião de sua escrita. Avançando um pouco mais além das interpretações dos biógrafos de Tavares Bastos, Juliana conclui que a questão da escravidão adquire, nessa obra, *um cunho mais político, ideológico e econômico* [...] *com alguns matizes higienistas do que filantrópico e humanista. Em Cartas do Solitário* (1862), Tavares Bastos advogava a ideia de uma gradação no processo de transição da escravidão para a imigração, justificada em termos dos impactos econômicos provocados e das limitações políticas de um governo sem interesse efetivo no desenvolvimento e progresso do país. O refinamento das análises é uma das características que Juliana Hamdan destaca em *A Província* (1975a), cuja primeira edição data de 1870. Para ela, são as críticas, expressas por meio de textos mais "enxutos", que mobilizam uma carga de argumentos difíceis de serem derrubados. Aprofundando mais no debate da relação entre a emancipação e a educação dos negros, Tavares Bastos rechaça o que chamou de *contentamento de vaidades filantrópicas*, ou a emancipação não acompanhada da instrução, visto que sem educação não haveria possibilidade de reabilitação da raça, ou de os libertos, de alguma forma, usufruírem da liberdade conquistada. Juliana Hamdan conclui que, enquanto os biógrafos e prefaciadores investem no aspecto humanitário e moralizante, presente nos discursos do político, os textos escritos por ele próprio revelam, predominantemente, argumentos de cunho econômico, político e ideológico, sem que as questões humanitárias sejam também esquecidas. Exceto na última obra, a autora destaca a forma incidental como a temática instrução é tratada, mas com o *tema da escravidão é diferente: é tratado de forma extensiva e intensiva em todas elas.*

Com Ilka Miglio de Mesquita, em "Presenças e ausências de referências sobre escravismo e educação nas Teses e Dissertações da Academia de Direito de São Paulo (1830-1880)", adentramos *as arcadas da Faculdade de Direito da Universidade de São Paulo (USP)* e, enfrentando a *magnitude do imponente prédio,* lançamo-nos à aventura de percorrer as páginas amarelecidas e frágeis das teses e dissertações *daqueles que foram homens de Estado,* buscando *compreender a sua formação, pelo conjunto de trabalhos produzidos para aquisição do título de doutor em Ciências Jurídicas e Sociais,* entre os anos de 1830 e 1880. Guiados pelas hábeis mãos da autora, vamos *conhecendo e nos apropriando da história da organização dos cursos de Direito no Brasil,* que foram fundamentais *para a manutenção da estrutura administrativa, jurídica e política do então recente Estado-nação.*

Após apresentar detalhado mapeamento das fontes localizadas e digitalizadas — nada menos que *50 teses e 30 dissertações, num total de 109 teses defendidas ao longo de quase 56 anos,* explicita a estrutura das teses e das dissertações, bem como o ritual do processo de doutoramento, ressaltando, porém, que a *honra de receber o grau de doutor de borla e capelo não era conferida para todos os bacharéis em Direito no século XIX,* mas somente a alguns privilegiados. E é, justamente, com esses privilegiados que Ilka Miglio estabelece o seu diálogo tentando apreender, na tessitura dos seus textos, a *presença de reflexões sobre escravismo e educação ou referências à instrução pública.* Os eleitos? Agostinho Marques Perdigão Malheiros, defendeu em 1849; João Dabney de Avellar Brotero, em 1851; Hygino Alvares de Abreu e Silva, em 1859; Genuino Firmino Vidal Capistrano, em 1874; e José Luiz de Almeida Nogueira, em 1872. Seu investimento lhe permitiu-lhe constatar que *as presenças e ausências sobre educação e escravismo* não falam somente de um passado, mas também revelam elementos, embora indiciários, sobre a formação recebida e *suas finalidades,* visto que pelas teses e dissertações *perpassaram leis, códigos, teorias, promovendo a inserção de ideias jurídicas que marcaram a formação do jurista brasileiro no séc. XIX.*

Mudando o gênero textual das fontes, acompanhamos Matheus da Cruz e Zica, em "Trajetórias esquecidas: o que dizem os anúncios de escravos fugidos sobre as experiências educativas daqueles sujeitos?", que, enveredando pelas trilhas abertas por Gilberto Freyre (1961), problematiza representações já cristalizadas pela historiografia sobre o assunto, desbrava novos caminhos e redescobre os homens e as mulheres que vieram do continente africano como sujeitos de cultura social. Com seu olhar sensível, mas ao mesmo tempo crítico, apresentam-nos uma história que, lida e interpretada dos anúncios de escravos fugidos, desvela elementos das culturas africanas que ficaram marcados nos seus corpos seminus, nos seus hábitos, nas suas heranças linguísticas e na língua, aqui aprendida *como importante símbolo de afastamento da escravidão.*

Tomando como fonte principal o periódico *Noticiador de Minas* (1868-1872), Matheus constrói e reconstrói as experiências educativas que os escravos vivenciaram no contexto do Brasil oitocentista, atento à singularidade dos sujeitos, às suas visões de mundo divulgadas pelas suas preferências e habilidades artísticas, às suas vestes, aos seus objetos, pelos seus jeitos de falar, de andar e pelas suas fugas. A fuga, conclui Matheus, podia representar ora um deslocamento geográfico, ora o abandono de uma situação de maus tratos, de uma condição sociocultural da qual se queria distanciar, mas, também, adverte o autor, representava *um movimento mais amplo, típico da nova conjuntura dita moderna que se instaurava naquele século: a fugacidade das próprias identidades dos sujeitos que experimentaram tal conjuntura...*

Também trilhando caminhos achegados aos de Matheus, o texto de Vera Lúcia Nogueira, intitulado "Filantropia e educação de adultos na província de Minas Gerais (1870-1880)", discute o significado do *engajamento social que mobilizou a elite letrada* e política a investir na difusão da instrução elementar às pessoas adultas, por meio de aulas noturnas. Confrontando documentos oficiais com notícias dos jornais mineiros, o que chamou-lhe a atenção foram duas situações distintas: uma delas, a recorrência com que a imprensa periódica colocava em circulação e conferia visibilidade aos cidadãos que praticavam o vocabulário da filantropia moderna, por meio de ações exercidas no âmbito da vida privada ou da administração pública; a outra tem a ver com a efervescência política que, a partir da década de setenta do século XIX, mobilizou as autoridades provinciais no sentido de regulamentar a oferta de aulas noturnas para os adultos.

Sobre a primeira situação, Vera Lúcia destaca o papel das associações ou sociedades políticas, literárias e filantrópicas que, *imbuídas do propósito de civilizar a população, por meio da difusão da cultura escrita e disseminação das luzes, como nos países avançados*, envidaram esforços para a criação e manutenção de aulas noturnas para os desprotegidos da fortuna, acolhendo em espaços diversos os homens adultos, livres, libertos e escravos que desejassem aprender os rudimentos da leitura e da escrita, ou ainda, uma língua estrangeira ou um saber mais especializado. Tais *rasgos de generosidade e filantropia* circulavam cotidianamente na impressa periódica mineira, atuando *num espaço simbólico de construção de poder e de prestígio social* para os beneméritos ilustrados que se dedicassem à causa pública da instrução. A segunda situação está relacionada às iniciativas dos governantes provinciais de construir dispositivos legais que assegurassem a criação de aulas noturnas para adultos, a partir de 1870. Em Minas, no final do século XIX, mais da metade das cidades mantinham, pelo menos, uma escola noturna. Entretanto, o que Vera Lúcia demonstra é o descaso que havia na manutenção e provimento dessas escolas, situação que pode ter influenciado decisivamente a iniciativa de particulares.

Finalizando esta obra, Luciano Mendes de Faria Filho traduz de forma concisa no seu título — "A escravidão foi abolida, mas o latifúndio continuou: Astrojildo Pereira leitor de Rui Barbosa" — os elementos principais para se compreender a urdidura tramada no seu texto e, de imediato, identificar as personagens principais da história que nos apresentará, bem como a relação que se estabeleceu entre elas: Astrojildo Pereira como leitor de Rui Barbosa. O título traduz também o desfecho final dessa história cujo enredo principal gravita em torno das discussões do projeto que propunha a libertação, sem indenização, dos escravos sexagenários, em 1882.

O itinerário escolhido por Luciano Mendes não é longo, mas bastante denso, pois vai nos introduzindo nas relações de poder subjacentes ao *empreendimento político-cultural* de *estruturação da Casa Rui Barbosa* e do *projeto político-editorial de publicação das obras completas* de seu *patrono*, na década de 1930, cuja motivação principal era combater *o esquecimento de Rui Barbosa entre a intelectualidade ou, mesmo, entre os estudantes brasileiros, poucos anos depois de sua morte (1923)* e, ao mesmo tempo, constituir o legado ruiano como um *monumento* da cultura brasileira. Esse projeto, encabeçado, sobretudo, pelo Ministério Capanema, ensejava *um verdadeiro revival de Rui Barbosa* e *a uma série de lutas em torno das maneiras autorizadas e legítimas de interpretar o seu pensamento nos diversos campos em que atuava.* É aí que se situa Astrojildo Pereira: o *intelectual autodidata comunista*, dedicado à *vida literária, política e jornalística*, que *promoveu a candidatura de Rui Barbosa à presidência da República, em oposição ao marechal Hermes da Fonseca*, na Campanha Civilista de 1910 e, mais ainda, *francamente contrário ao autoritarismo varguista.* Astrojildo foi, em 1944, prefaciador do volume XI do tomo I, cujo assunto é a *emancipação dos escravos.* Interpretado e dado a ler, por Luciano, como um comentarista que constrói novos discursos e atualiza os sentidos do texto ruiano, o prefaciador Astrojildo Pereira, *ancorado em uma tradição de análise marxista*, além de considerar o momento histórico de inserção de Rui Barbosa na causa da abolição, também destaca e atualiza as temáticas que se faziam presentes tanto naquele passado analisado como no momento em que é recrutado para escrever o prefácio da obra. Sobre a sua leitura da escravidão, Astrojildo reconhece que a abolição foi a primeira de tantas outras constantes do programa de Rui Barbosa, mas, para ele, faltava a mais importante de todas, *aquela que representava a condição econômica, política e social indispensável à rigorosa aplicação da reforma de 13 de maio: a desenfeudação da propriedade*, questão que se mantém latente há séculos na sociedade brasileira.

Nossa intenção é que o conjunto dos textos, ao lançar luzes sobre aspectos diferentes, mas interdependentes da história do Brasil, notadamente no que se refere às questões étnico-raciais em suas relações com a educação, possa contribuir para o alargamento de nosso entendimento sobre os passados que autorizaram este nosso presente e, assim, para a elaboração de posições críticas e de propostas de intervenção de enfrentamento dos obstáculos que dificultam a construção de uma sociedade mais democrática e igualitária entre nós. Esperamos, também, que este livro suscite indagações, instigue a reflexão historiográfica e possibilite a proposição de novas investigações. Está feito, portanto, o convite à leitura e ao debate!

Vera Lúcia Nogueira
Luciano Mendes de Faria Filho

População negra e o estabelecimento da obrigatoriedade escolar em Minas Gerais em 1835[3]

Marcus Vinícius Fonseca

INTRODUÇÃO

Um dos aspectos mais interessantes em relação ao processo de escolarização em Minas Gerais está relacionado com a obrigatoriedade da instrução elementar que, em 1835, foi determinada por lei para toda a província . Esta iniciativa foi além daquilo que havia sido estabelecido pelo governo do Império, que determinou apenas a gratuidade da instrução. Portanto, em 1835, a lei mineira nº 13 se sobrepôs à Constituição do Império e estabeleceu que, em Minas Gerais, a instrução elementar era gratuita e obrigatória.

Essa lei é tida como um marco para o entendimento da escolarização em Minas Gerais e o que tem sido destacado é o seu caráter simbólico, pois a obrigatoriedade da instrução era algo impossível de ser cumprido durante a primeira metade do século XIX. Tendo como referência a dimensão simbólica, as análises históricas procuram demonstrar como essa lei representa a manifestação de um novo estatuto para a infância, que passou a ser concebida como um período da vida que deveria ser vivenciado dentro do espaço escolar. De outro lado, as análises também têm colocado

[3] Uma primeira versão deste artigo foi publicada em 2009, na revista *Educação em Revista*, com o título "População negra e civilização: uma análise a partir do estabelecimento da obrigatoriedade escolar em Minas Gerais".

em relevo o papel que a escola passa a ter na construção de um povo civilizado e em sintonia com o padrão de organização da sociedade moderna.

Este artigo tem como ponto de partida as questões destacadas pelas análises que vêm sendo construídas pela historiografia, mas procura estabelecer uma relação entre essa legislação e o perfil da população de Minas Gerais, cuja principal característica era o predomínio dos negros em meio à sua estrutura demográfica. O que tentaremos demonstrar é que Minas Gerais era a província brasileira com maior número de escravos e negros livres em meio à sua população e é provável que isso tenha sido considerado por aqueles que estabeleceram que a educação tinha um importante papel a cumprir no processo de construção de um povo civilizado.

Para tratar dessas questões utilizaremos como referência a lei que estabeleceu a obrigatoriedade da instrução elementar, em Minas, e as informações sobre educação que aparecem nos relatórios de Presidente de Província, durante os anos de 1830 e 1840. Utilizaremos também uma documentação censitária que se refere às tentativas de contagem da população que ocorreram em Minas, no início da década de 1830. Recorreremos, ainda, às memórias de indivíduos que vivenciaram o processo de escolarização durante a primeira metade do século XIX e aos relatos de viajantes que passaram por Minas durante esse período.

O SIMBOLISMO DA OBRIGATORIEDADE ESCOLAR EM MINAS GERAIS

As discussões encaminhadas durante os primeiros anos de funcionamento do governo provincial em Minas Gerais revelam que havia, por parte das autoridades públicas, uma preocupação com a educação da população. Isso pode ser constatado nos Relatórios de Presidente de Província, onde as questões sobre educação eram apresentadas por meio de iniciativas tomadas no campo da legislação e dos investimentos dirigidos à instrução. De maneira geral, os documentos que se referem às atividades empreendidas pelo governo de Minas Gerais revelam que a instrução era uma questão que estava em pauta nos debates sobre a organização da província.

A recorrência com que as questões relativas à instrução se fazem presentes na documentação desse período indica a sua importância como instrumento na formação de um povo ordeiro e civilizado. Segundo Faria Filho e Resende (2001, p. 113), a análise dos discursos e das ações produzidas a partir do Poder Legislativo e do Executivo revela esta dimensão:

> a ação política está nos discursos e, sem dúvida, nos temas dignos dos mesmos. Produzi-los como dignos de notoriedade de atenção do executivo e do legislativo provinciais e, quase sempre, de toda a população mineira, explicita uma intencionalidade política direcionada e articulada pela ideia de educação como um ato e uma condição de civilidade.

A produção desses discursos em relação à instrução deve ser tomada como algo simbólico, pois havia uma contradição básica entre a realidade da província e as propostas que emanavam do Poder Público, principalmente por meio da intensa atividade legislativa que se desenvolveu durante todo período imperial. Um dos elementos que revelam esta dimensão simbólica da instrução é a lei que foi aprovada em 1835, Lei nº 13, que definia as principais características do projeto educacional a ser implantado em Minas e que, segundo Faria Filho e Gonçalves (2004), estabeleceu-se como um parâmetro para as ações implementadas nos momentos posteriores.

A Lei nº 13 era composta por 30 artigos que definiam aspectos como a divisão da instrução primária em dois graus e também o público ao qual era dirigida a instrução elementar. Trouxe várias questões relativas ao processo de formação dos professores, como a criação de uma escola normal, o investimento no aprimoramento dos métodos de ensino, as condições para inserção e atuação na carreira do magistério. E, ainda, o processo de organização da instrução na província, que deveria ter um delegado em cada Comarca e este teria como função a fiscalização das escolas.

Dentro do conjunto de normas estabelecidas para a instrução pela Lei nº 13, o que mais chama a atenção é a sua sobreposição à Constituição do Império ao estabelecer a gratuidade e a obrigatoriedade escolar: "percebe-se, assim, que, apesar de a Constituição do Império determinar, em seu artigo 179, apenas a gratuidade da instrução primária, e não a sua obrigatoriedade, que os legisladores mineiros foram além e procuraram criar mecanismos para que se efetivasse de fato a matrícula e a frequência das crianças na escola" (FARIA FILHO; GONÇALVES, 2004, p. 161).

Minas Gerais foi uma das primeiras províncias brasileiras a estabelecer a obrigatoriedade escolar e isso pode ser considerado uma manifestação da importância atribuída à educação do povo, pois, na verdade, tratava-se de algo que estava fora do alcance da ação governamental, que não tinha como disponibilizar vagas para o atendimento do que foi estabelecido pela Lei nº 13.[4] Estava também distante da grande maioria da população que, além de não contar com o que poderíamos chamar de uma tradição de escolarização, estava longe de dispor dos recursos necessários para o cumprimento dessa exigência.

As dificuldades em relação à efetivação dessa disposição legal e seu significado simbólico podem ser evidenciados quando consideramos a expansão do número de alunos matriculados logo após a aprovação da lei e que se encontram registrados nos relatórios de Presidente de Província, entre os anos de 1837 e 1850.

Os registros contidos nos relatórios de Presidente de Província apresentam com frequência advertências quanto à dificuldade de se coletar dados relativos às matrículas nas escolas mineiras. Portanto, não oferecem um retrato fiel acerca das matrículas, mas apresentam dados que podem ser tomados como indícios acerca do nível de difusão da instrução em meio à população e às dificuldades de cumprimento da exigência quanto à obrigatoriedade.

Analisamos o registro do número de alunos do sexo masculino das escolas públicas de primeiro e segundo graus, entre 1837 e 1849, e percebemos que houve um pequeno crescimento do número, nos anos imediatamente posteriores à aprovação da lei que estabeleceu a obrigatoriedade da instrução, mas, esse crescimento não se sustentou sequer por uma década. Isso pode ser visto no Gráfico 1:

Gráfico 1. Número de alunos matriculados nas escolas da província Minas Gerais (1837-1849)

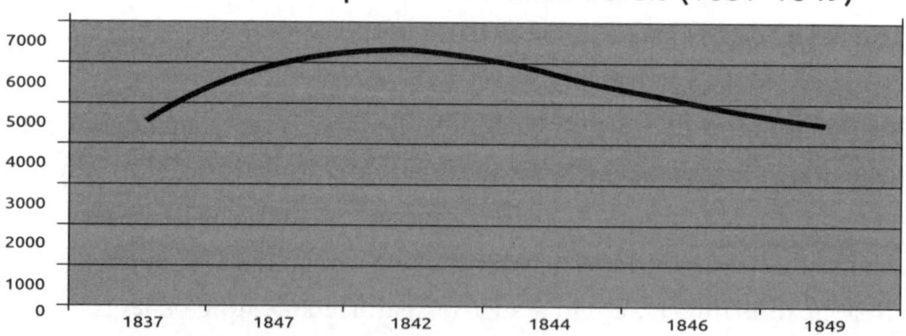

Fonte: Relatório de Presidente de Província.

[4] No Brasil, o primeiro registro de que se tem notícia em relação à obrigatoriedade escolar data de 1928 e foi encontrado na legislação do município de Mariana, em Minas Gerais (VEIGA, 2013). Em termos de legislação provincial, as primeiras peças legais datam de 1835 e foram proclamadas por Minas Gerais e Goiás, seguidas do Ceará (1837) e Piauí (1845). O município neutro da Corte encerra em 1849 o movimento restrito à primeira metade do século XIX (VIDAL, 2013).

O relatório de 1837 registrou 4.587 alunos nas escolas públicas de instrução elementar. Esse número atingiu o maior índice em 1842, com 6.308 alunos, e caiu para 5.810, em 1844; logo em seguida caiu para 5.201, em 1846, chegando a 4.527 alunos em 1849. Ou seja, quando consideramos esse intervalo, pouco superior a uma década, constatamos que, após a aprovação da lei que definiu a obrigatoriedade escolar, em 1835, houve um pequeno crescimento do número de alunos. Mas, logo em seguida, constata-se uma redução que, em 1849, apresenta o registro de um número de alunos inferior ao que foi apresentado em 1837.[5]

Os registros contidos nos relatórios dos Presidentes de Província são imprecisos e apresentam apenas dados sobre as aulas públicas. Segundo o relatório de 1851, o número de aulas particulares era, no mínimo, equivalente às públicas, pois os mecanismos de controle sobre elas eram muitos frágeis e isso impedia qualquer tipo de estimativa mais confiável acerca do número de aulas particulares existentes. Portanto, é preciso levar em conta que havia uma equivalência entre as aulas públicas e particulares, indicando que o número de alunos era superior ao que fora registrado nos relatórios do Presidente de Província.

No entanto, é preciso considerar que os relatórios dos Presidentes de Província apontam para o fato de que não houve um crescimento expressivo no número de alunos para período posterior à aprovação da lei, em 1835. Dessa forma, torna-se evidente que a questão da gratuidade e obrigatoriedade da instrução elementar foi apenas uma intenção, pois a aprovação da lei não foi acompanhada por um aumento efetivo das matrículas nas escolas mineiras.

Isso pode ser considerado como uma manifestação clara do caráter simbólico atribuído à educação em meio aos discursos que pretendiam demarcar a importância de civilizar o povo. Isso se torna ainda mais evidente quando avaliamos o nível de cobertura e atendimento da instrução elementar para a população em idade escolar, que também revela a distância entre a realidade da província em relação à necessidade do cumprimento da obrigatoriedade escolar.

---

[5] Tendo como referência o fato de que a lei estabeleceu obrigatoriedade escolar apenas para o sexo masculino, não consideramos as alunas matriculadas, mas, o número delas era praticamente insignificante e, quando considerado, não altera o desenho da curva que apresentamos no GRÁFICO 1.

NÍVEL DE ATENDIMENTO À POPULAÇÃO EM IDADE ESCOLAR NO INÍCIO DOS ANOS DE 1830

Não é possível ter uma avaliação precisa da população em idade escolar durante a primeira metade do século XIX, pois, no período, não havia uma preocupação em estabelecer cálculos sobre tal segmento, o que torna praticamente impossível encontrar na documentação desse período qualquer estimativa sobre esse grupo. Porém, se não havia uma preocupação em estabelecer recortes específicos sobre os grupos passíveis de serem submetidos aos processos de escolarização, isso não quer dizer que o governo provincial não manifestasse o desejo de conhecer aspectos mais gerais da população mineira. Durante os anos de 1830, o governo da província de Minas demonstrou interesse em conhecer características da população e, para isso, viabilizou a realização de censos. Estes foram organizados mediante listas nominativas de habitantes que foram construídas a partir dos distritos, registrando cada um de seus domicílios e seus respectivos moradores. As listas apresentam o nome de cada um dos habitantes do domicílio, a qualidade (raça/cor), a condição (livre ou escravo), a idade, o estado civil e a ocupação.

Não há nenhum indicativo de que deviam ser registradas as crianças que estavam na escola, mas algumas listas fizeram esse registro no campo que assinalava a ocupação. O número dessas listas não é muito elevado e é totalmente irregular, mas possibilita a construção de uma metodologia de cálculo da população em idade escolar e do nível de atendimento em relação à instrução elementar para algumas localidades.

Encontramos listas que não registram crianças na escola, outras que assinalam mais de cem nessa condição, e, ainda, outras que registram apenas duas ou três crianças como alunos. Para contornar as distorções em torno dessa irregularidade no tratamento das crianças que estavam na escola, utilizamos como referência apenas as listas nominativas que apresentam mais de 24 crianças em processo de escolarização, que, segundo a legislação da época, era o número mínimo de alunos utilizado como referência para justificar a existência de uma aula pública em um distrito. Para tornar ainda mais controlados os procedimentos de análise, utilizamos apenas as listas que se referem ao início dos anos de 1830 e que se referiam aos distritos localizados na Região Central de Minas, ou seja, nas comarcas do Rio das Velhas e de Ouro Preto.

A região central foi o núcleo a partir do qual se deu o processo de povoamento do território de Minas Gerais. Portanto, é aquela que se desenvolveu por meio da atividade mineradora, onde encontramos os povoados mais antigos da região. Como consequência disso, havia nesta região uma série de vilas e distritos com um relativo desenvolvimento urbano e demográfico, sendo um dos pontos onde havia a maior concentração de escolas, no século XIX. Portanto, considerando como critério de seleção as listas que apresentavam 24 crianças nas escolas e que se encontravam na Região Central, selecionamos para análise 11 distritos: Mariana, São Bartolomeu, Itaverava, Santa Luzia, Caeté, Cachoeira do Campo, Senhor do Bom Fim, Passagem de Mariana, Redondo, Matosinho e Catas Altas. Para estabelecer o nível de cobertura da instrução elementar em relação à população desses distritos, é necessário definir qual o grupo que representava aquilo que, a partir de um vocabulário contemporâneo, chamamos de população em idade escolar.

A lei que estabeleceu a obrigatoriedade escolar também se preocupou em normatizar e definir o público ao qual a escola estava destinada, isso porque a faixa etária daqueles que estavam nas escolas era muito variada e se encontrava longe de qualquer padronização. As listas nominativas revelam que havia indivíduos de 04 a 20 anos frequentando as escolas de primeiras letras. Os registros contidos nas listas nominativas demonstram essa heterogeneidade e indicam a existência de diferentes grupos de idade em meio àqueles que foram definidos como "na escola". Diante desta heterogeneidade a Lei nº 13 procurou definir com precisão e clareza o grupo que de fato deveria frequentar a escola elementar:

> Art. 12º. Os Pais de Família são obrigados a dar a seus filhos a instrução primária do 1º. grau ou nas Escolas Públicas, ou particulares, ou em suas próprias casas, e não os poderão tirar delas, em quanto não souberem as matérias próprias do mesmo grau [...] Art. 13º. A obrigação imposta no artigo precedente aos Pais de Família começa aos oito anos de idade dos meninos, mas se estende aos que atualmente tiverem quatorze anos de idade. (LIVRO DAS LEIS MINEIRAS, p. 29)

A lei definiu como obrigatória a instrução primária e a idade apropriada para escolarização como aquela que compreendia a "faixa etária dos 08 aos 14 anos, mas apenas para o sexo masculino e para aqueles que eram de condição livre".

As listas nominativas que utilizamos são de 1831, período anterior à lei que determinou a obrigatoriedade. No entanto, quando analisamos o público registrado como na escola, nestas listas, constatamos que a legislação de 1835 acompanhou aquilo que era uma prática da população mineira. A maioria das crianças assinaladas com a designação "na escola" estavam na idade de 08 a 14 anos que, em 1835, foi a faixa etária definida pela legislação. Ao longo do século XIX, houve uma variação da faixa etária definida como adequada à escolarização e isso se reflete na legislação educacional que foi sendo construída durante o século XIX:

> Na legislação educacional as idades foram dispostas para fixar o grupamento etário de crianças cujos pais ou responsáveis eram obrigados a dar instrução elementar e em especial a frequência às aulas públicas. A lei de n. 13 de 1835 prescreve a obrigatoriedade para meninos entre 08 e 14 anos, a lei 1769, regulamento 62 de 1872 indica meninos entre 08 a 15 anos e a lei 2892, regulamento 100 de 1883, obrigatoriedade para meninos entre 07 a 12 anos e meninas entre 06 e 11 anos [...] outras normas foram se organizando, tendo em vista talvez, o movimento da população em direção a escola. Isso pode ser observado na lei 1064, regulamento 49 de 1860 que dispõem sobre a proibição de matrícula nas aulas públicas de meninos menores de 05 anos e a lei 2476, regulamento 84 de 1879 que proíbe a matrícula para menores de 05 e maiores de 14 anos. (VEIGA, 2006, p. 10)

Embora houvesse variações, a faixa etária entre 08 e 14 anos se estabeleceu como o período que foi definido como apropriado para a escolarização. Dessa forma, podemos dizer que as informações apresentadas por Veiga (2006) indicam que somente na legislação de 1883, que restringiu a idade escolar para o período entre 07 e 12 anos, houve uma mudança em que o referido intervalo não estava contido na definição legal.

Considerando o intervalo de idade e as restrições estabelecidas pela Lei nº 13 em relação ao sexo feminino e aos escravos, criamos uma metodologia para calcular a população em idade escolar nos distritos mineiros que selecionamos e o nível de atendimento em relação a essa população, ou seja, as crianças livres dessa faixa etária que foram registradas como na escola. Para efetuar o cálculo dessa população utilizamos os registros de todas as crianças livres, do sexo masculino, entre 08 e 14 anos. Em seguida, calculamos o nível de atendimento a essa população por meio do registro de todas aquelas que, dentro dessa faixa etária, foram listadas como "na escola". As crianças que estavam na escola mas que não se encontravam na faixa etária definida pela Lei nº 13 não foram consideradas no cálculo. Tomamos o mesmo procedimento em relação às meninas e aos escravos, pois, como dissemos anteriormente, a obrigatoriedade foi definida *apenas para a população livre e do sexo masculino, de 08 a 14 anos de idade.*

Antes de apresentar as informações relativas às crianças em idade escolar, apresentaremos os dados sobre a população de cada um dos distritos para que possam ser confrontados com aqueles que se referem aos aspectos mais específicos de cada uma dessas localidades.

Gráfico 2. População registrada nas listas nominativas – por número de indivíduos

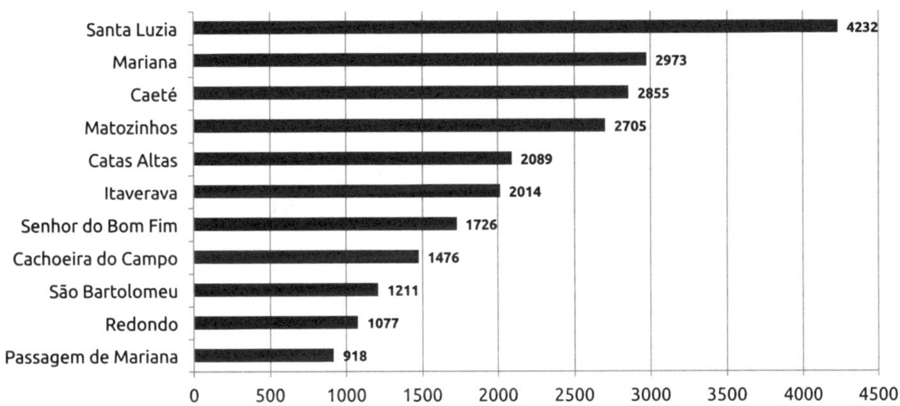

Fonte: Arquivo Público Mineiro - Listas nominativas de habitantes.

Os dados relativos à população foram organizados em ordem decrescente e apontam para uma divisão dos distritos em três grupos: aquele que tinha uma população inferior a 2.000 habitantes e que era composto por cinco distritos (Passagem de Mariana, Redondo, São Bartolomeu, Cachoeira do Campo, Senhor do Bom Fim); o de população entre 2.000 e 3.000 habitantes e que continha quatro distritos (Itaverava, Catas Altas, Matozinhos, Caeté e Mariana); e o que possuía mais de 3.000 habitantes (Santa Luzia).

A partir dos dados relativos à população, calculamos o percentual daqueles que, de acordo com a Lei nº 13, estavam aptos a frequentar escolas em cada uma dessas localidades:

Gráfico 3. População em idade escolar de acordo com a Lei nº 13 (%)

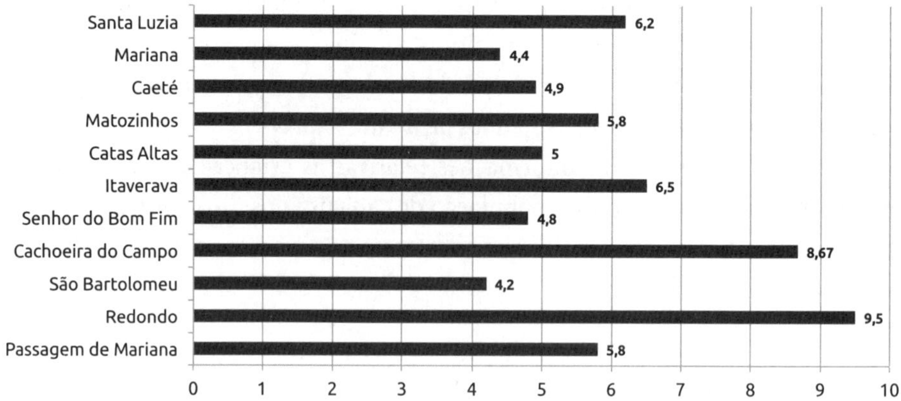

Fonte: Arquivo Público Mineiro - Listas nominativas de habitantes.

O gráfico indica que o segmento definido como em idade escolar se distribuía de forma relativamente semelhante entre os diferentes distritos. Isso revela uma regularidade estatística, pois não há discrepâncias e os índices estão próximos dos 6,0% da população total de cada distrito. Encontramos um índice relativamente superior no distrito de Redondo (9,5%), o que pode ser justificado em função de a lista nominativa apresentar o Colégio Bom Jesus do Matosinhos como um domicílio. Esse colégio aparece na lista nominativa como um domicílio e grande parte dos alunos era de outros distritos, ou de outras províncias, e lá viviam em regime de internato. Há o registro de um total de 110 estudantes e um bom número deles estava dentro da idade estabelecida como escolar. Portanto, parte dos alunos do colégio era originária de outras regiões e foi listada como moradora do distrito de Redondo, o que representou um acréscimo significativo para sua população, que está entre os distritos que têm um dos menores contingentes populacionais da amostra que recortamos, apenas 1.077 indivíduos.[6] A população de Redondo era tão diminuta que o contingente de alunos do colégio representava um fator de pressão que influenciava na composição

[6] Esse colégio tinha um perfil muito semelhante ao do famoso Colégio do Caraça, era inclusive administrado pelos padres da mesma congregação.

demográfica do distrito, o que por sua vez elevava o índice da população em idade escolar, deixando-a em um nível relativamente superior ao dos outros distritos.

As listas nominativas que utilizamos foram escolhidas a partir de um critério que considerou o número mínimo de 24 alunos registrados nas escolas de primeiras letras. Portanto, em todas as listas há um nível de atendimento à população em idade escolar, mas esse atendimento ocorria a partir de um padrão irregular que atingia níveis elevados em alguns distritos e muito baixo em outros:

Gráfico 4. Nível de atendimento à população em idade escolar a partir da definição da Lei nº 13 (%)

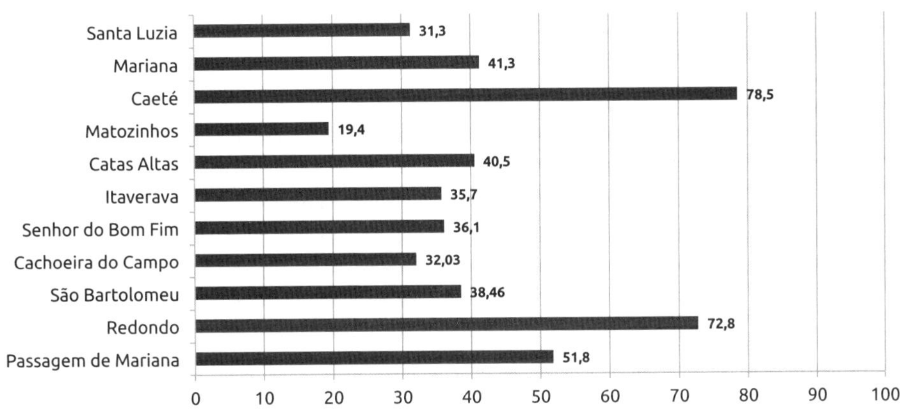

Fonte: Arquivo Público Mineiro - Listas nominativas de habitantes.

Em distritos como Caeté o nível de atendimento à população em idade escolar era bem alto, atingindo uma marca próxima a oitenta por cento. Em contrapartida, distritos como Matosinhos apresentavam índices relativamente baixos, inferiores a vinte por cento. A média de atendimento à população em idade escolar dos onze distritos ficou em 43,3%. Esse percentual pode ser considerado baixo, pois não podemos deixar de levar em conta que utilizamos como referência a lei que determinou a exclusão do sexo feminino e dos escravos, definindo como público apropriado à escolarização apenas os *meninos livres de 08 a 14 anos.*

A instrução do sexo feminino era uma tendência que se manifestava com força no século XIX, prova disso é a sua presença na lei de 1835, que não a definiu como obrigatória, mas estabeleceu dispositivos que incentivavam a instrução das meninas:

> Art. 3º. O Governo poderá estabelecer também Escolas para meninas nos lugares em que as houver do 2ª. grau e em que, atenta a população, puderem ser habitualmente frequentadas por vinte e quatro alunas ao menos. Nestas Escolas se ensinarão, além das matérias do 1ª. grau, ortografia, prosódia, noções gerais dos deveres morais, religiosos e domésticos. (LIVRO DAS LEIS MINEIRAS, p. 30)

Portanto, considerando essas recomendações, ampliamos a população em idade escolar e incorporamos a ela as crianças do sexo feminino na mesma faixa etária do masculino, ou seja, de 08 a 14 anos, para projetar de forma mais realista a população em idade escolar no início da década de 1830.

Gráfico 5. População em idade escolar, incluindo os dois sexos (%)

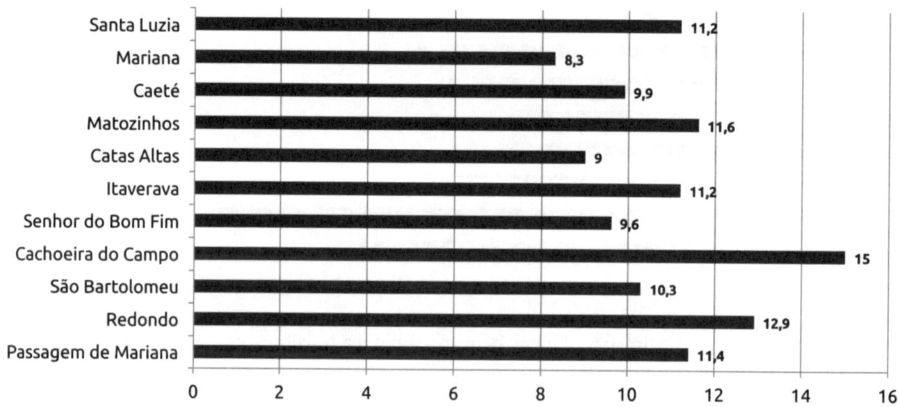

Fonte: Arquivo Público Mineiro - Listas nominativas de habitantes.

Quando consideramos os dois sexos, a população em idade escolar aumenta consideravelmente, atingindo níveis que são quase que o dobro daquele que foi calculado quando consideramos apenas o sexo masculino. A média em relação à população total aumenta de 5,9 % para 10,9%. Consequentemente, há uma alteração significativa na média de atendimento da população em idade escolar, como pode ser visto no Gráfico 6:

Gráfico 6. Nível de atendimento da população em idade escolar, incluindo os dois sexos (%)

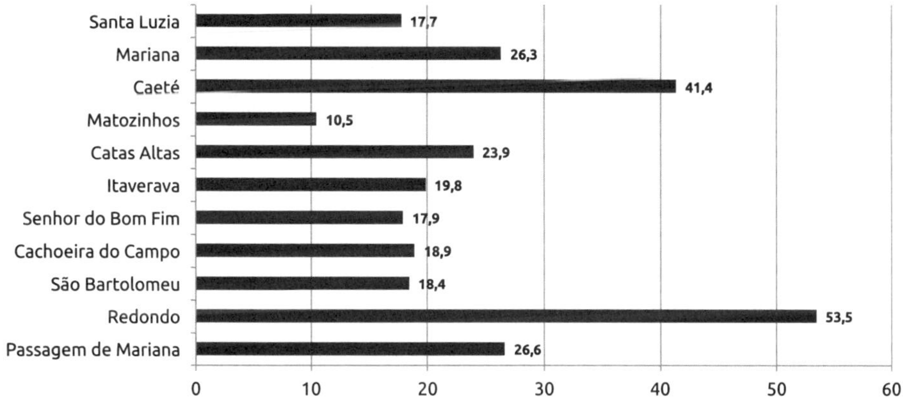

Fonte: Arquivo Público Mineiro - Listas nominativas de habitantes.

Ocorre uma mudança significativa no padrão de atendimento quando consideramos o sexo feminino em meio à população em idade escolar, pois a média de atendimento atingiu 43,3% quando foi considerado apenas o sexo masculino e caiu para 29,8% quando levamos em conta os dois sexos.

Essa queda se justifica pelo aumento total da população em idade escolar e também porque era muito pequena a presença de meninas nas escolas. A partir de 1835 houve uma expansão do registro de aulas para meninas, mas, em relação ao período das listas nominativas, 1831, o número de mulheres registradas como "na escola" era praticamente insignificante: nas 11 listas encontramos apenas 41 meninas registradas. Se considerarmos que um dos critérios que utilizamos para seleção das listas nominativas foi o fato de registrarem um número mínimo de 24 indivíduos na escola, fica evidente a desproporção entre a presença dos dois sexos nas aulas de instrução elementar. Essa acentuada vantagem em relação ao sexo masculino justifica o fato de haver uma grande queda no atendimento à população em idade escolar quando contabilizamos os dois sexos.

Esta estimativa que construímos para os dois sexos não nos permite projetar, de fato, a população em idade escolar como viria a ser definida nos períodos posteriores, pois nela não estão contidas as crianças que foram registradas como escravas.

Uma das principais características da sociedade mineira era o fato de que nela havia um grande número de escravos, e essa população escrava se distinguia por apresentar um comportamento singular em relação ao seu processo de recomposição:

> Comprovações documentais bastante evidentes demonstram que o impressionante aumento demográfico dos escravos de Minas durante o século 19 resultou em grande parte da reprodução natural, e não da importação da África por meio do comércio escravagista. Não existe nenhum outro exemplo conhecido de qualquer sociedade escravagista de grande porte na América e no Caribe em que isto tenha ocorrido, e há muitíssima probabilidade de que este seja um exemplo único na história da escravidão no Brasil. (BERGAD, 2004, p. 21)

A historiografia tem destacado, como um fenômeno singular do escravismo em Minas, a capacidade de recomposição do plantel de escravos por meio da reprodução no interior do próprio cativeiro. Isso quer dizer que, em Minas, não era incomum encontrar crianças que haviam nascido como escravas. Como consequência desse comportamento temos um número significativo de crianças escravas que se encontravam na faixa etária dos 08 a 14 anos, ou seja, o grupo de idade estabelecido como escolar.

O que foi definido como idade escolar pela Lei nº 13 é algo que só tem sentido nos anos iniciais do Império, nos períodos posteriores essa noção iria se alargar, incorporando o sexo feminino e a população que tinha sua origem no cativeiro. Portanto, se quisermos construir uma visão mais condizente da população em idade escolar e que se aproxime do padrão de cálculo que passou a balizar os períodos posteriores, é necessário acrescentar as crianças escravas em meio ao segmento que compõe a população em idade escolar, como podemos ver no Gráfico 7.

Gráfico 7. População em idade escolar, incluindo escravos (%)

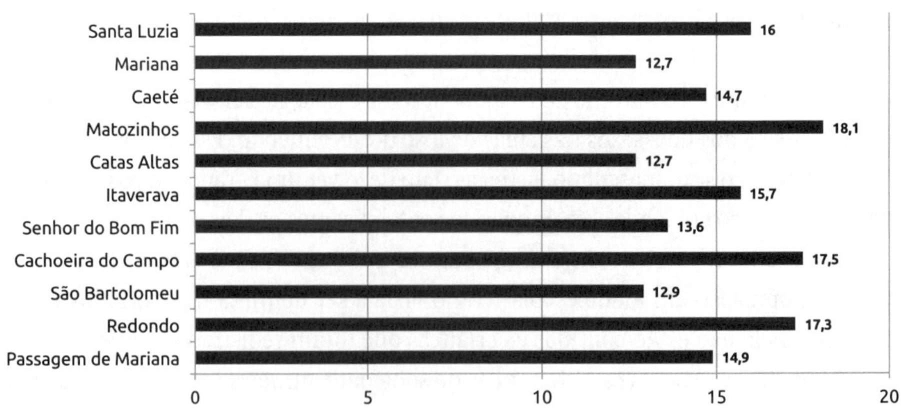

Fonte: Arquivo Público Mineiro - Listas nominativas de habitantes.

Quando acrescentamos as crianças escravizadas em meio à população em idade escolar, há um aumento deste grupo que, em média, passa a ser 15,1% da população total. Como os escravos em idade escolar estavam quase na sua totalidade fora das escolas — encontramos nas onze listas apenas um escravo registrado como na escola —, o nível médio de atendimento à população em idade escolar sofre uma redução, como pode ser visto no Gráfico 8:

Gráfico 8. Nível de atendimento à população em idade escolar, incluindo escravos (%)

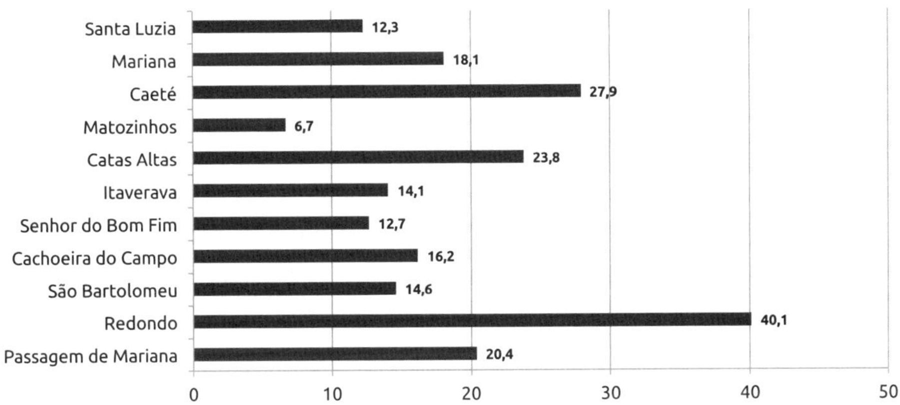

Fonte: Arquivo Público Mineiro - Listas nominativas de habitantes.

A média de atendimento à população em idade escolar atinge o índice de 18,8% quando incluímos os escravos. De forma semelhante ao que ocorreu em relação ao sexo feminino, temos um aumento dos indivíduos em idade escolar e este não é acompanhado por um aumento de crianças na escola. Ou seja, isso faz com que o índice médio de atendimento fique muito distante dos 43,3%, quando foi considerado apenas o sexo masculino, e relativamente distante dos 29,8%, quando foram considerados os dois sexos.

Portanto, quando ampliamos o conceito de população em idade escolar, a partir da incorporação de categorias como gênero e condição social (escravos), fica evidente que em termos absolutos o atendimento à população escolarizável como um todo era baixo.[7] Mesmo se consideramos as restrições estabelecidas pela Lei nº 13, o índice de atendimento ao grupo definido como idade escolar pode ser considerado baixo, pois atingiu apenas 43,3% dos meninos de 8 a 14 anos dos onze distritos.

Não é possível dimensionar esses dados em relação a toda a província de Minas Gerais, pois são onze distritos para um total de mais de 400 que existiam na região e que possuíam uma distribuição desigual da população e de escolas, o que torna difícil definir o nível de representatividade dessa amostra. Mas os dados relativos a esses distritos que estavam em uma das regiões mais desenvolvidas de Minas podem ser tomados como indícios do baixo nível de difusão da instrução em meio à população e a distância em relação ao cumprimento da obrigatoriedade escolar, nos termos definidos pela Lei nº 13.

Quando acrescentamos os dados relativos ao atendimento à população em idade escolar àqueles que extraímos dos relatórios de Presidente de Província, que revelaram uma ausência de crescimento para as matrículas da instrução elementar entre os anos de 1830 e 1840, fica ainda mais evidente a ideia da obrigatoriedade escolar como algo que buscava demarcar a educação como um símbolo para a formação de um povo civilizado. As listas nominativas revelam que era baixo o padrão de cobertura da escolarização em 1831 e os relatórios de Presidente de Província indicam que esse panorama não mudou após 1835.

O valor simbólico da obrigatoriedade escolar e dos discursos em relação à instrução vem sendo, constantemente, reafirmado pela historiografia sobre Minas Gerais. Para Gouvêa (2004, p. 190):

> A promulgação da lei da obrigatoriedade escolar buscava instaurar uma nova realidade: a escolarização da infância, ou, mais exatamente, da meninice, imputando aos pais a responsabilidade legal por sua efetivação. Escolarização essa focada no universo populacional masculino. Em que pese o fato de que lei parece não ter sido de fato efetivada ela inaugurou no âmbito do Estado um discurso que estabelece a escola como espaço formativo da infância ou melhor, da meninice (ou idade da razão) período de vida concebido como favorável a tais aprendizados.

[7] Esses dados se aproximam daquilo que foi estabelecido pelo censo de 1872 em relação à população analfabeta com idade superior a 05 anos, de todo país. Segundo dados apresentados por Rui Barbosa, os analfabetos representavam 85,5% da população brasileira.

Para Gouvêa (2004), o caráter simbólico da obrigatoriedade manifestava-se na demarcação da escola como espaço efetivo de formação da infância, representando uma tentativa de intervenção no poder e na responsabilidade das famílias de ministrar a educação, ou determinar os espaços sociais onde a infância deveria ser vivenciada.

Na mesma perspectiva segue a interpretação de Faria Filho e Gonçalves (2004, p. 161), que acentua a ligação da lei com a infância a partir das penalidades estabelecidas e da faixa etária definida como escolarizável:

> Cumpre chamar atenção, além da possibilidade de imposição de multas, para a determinação legal da idade escolar entre 8 e 14 anos. Tal aspecto reveste-se de uma importância simbólica expressiva, uma vez que traduz, de certa forma, o pensamento dos legisladores acerca da infância e da sua educabilidade, num momento em que a escola era frequentada por pessoas de idades bastante diferenciadas.

O sentido político da obrigatoriedade escolar foi ressaltado por Veiga (2006, p. 5), que entende esse ato como uma iniciativa importante para produção de um sentimento de pertencimento à nação:

> A institucionalização da obrigatoriedade dos pais ou responsáveis em dar a instrução elementar às crianças foi um acontecimento predominantemente político. Compunha o conjunto de normatizações necessárias à produção da consciência de um pertencimento nacional, onde perpassa um imaginário de sociedade cujos membros deveriam compartilhar obrigações e direitos. A escola se apresenta como uma unidade de referência civilizatória, produtora de novos valores e atitudes. Os diferentes saberes em profusão no século XIX sistematizaram uma condição de criança e de ter infância e para isso diferentes códigos identificadores foram produzidos para a criança: obediente, comportada, frequentar escolas, ser bom filho e bom aluno.

A contraposição entre a realidade educacional de Minas e a lei que determinou a obrigatoriedade da instrução elementar tem levado os historiadores a ressaltarem sua dimensão simbólica na demarcação da ação estatal em relação às questões ligadas à infância e à formação de uma sociedade com feições modernas. Essas interpretações são coerentes e estão em sintonia com o processo de estabelecimento da escolarização enquanto um elemento constitutivo da modernidade. Porém, não dizem tudo sobre o estabelecimento desse acontecimento que, em Minas, pode adquirir outros significados quando considerado a partir do elemento que mais diretamente singularizava a sociedade mineira, ou seja, o perfil racial de sua população.

O PERFIL RACIAL DA POPULAÇÃO MINEIRA COMO COMPONENTE DE UM DISCURSO CIVILIZATÓRIO

A obrigatoriedade da instrução elementar como componente simbólico de um projeto civilizacional adquire um sentido específico quando associamos este processo a aspectos populacionais, entre eles aquele que mais diretamente caracterizava as Minas Gerais e que estava relacionado com predomínio absoluto dos negros em meio à sua estrutura demográfica. Clotilde Paiva (1996) utilizou os dados censitários referentes à década de 1830 para estabelecer uma estimativa da população livre de Minas e registrou o número de 269.916 indivíduos nessa condição. Segundo a autora, a população livre tinha a seguinte composição racial:

Gráfico 9. Distribuição da população livre de Minas Gerais – por raça-cor (1831-1838)

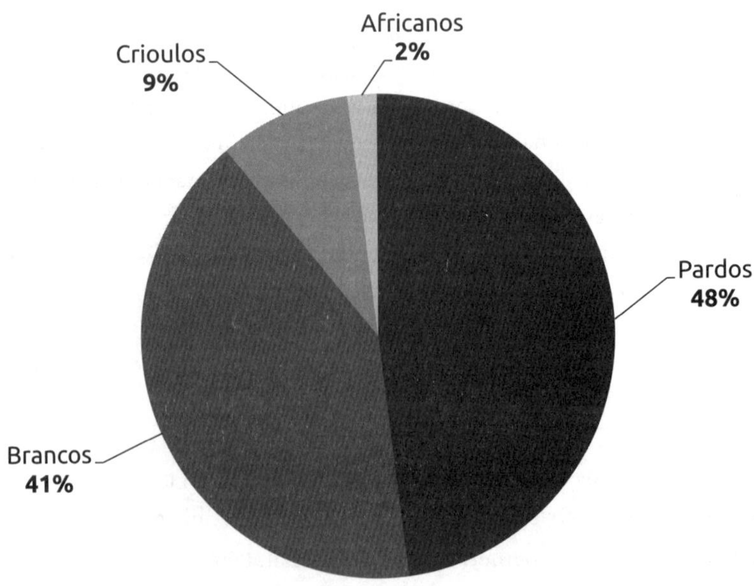

Fonte: Adaptado de Clotilde Paiva (1996).

Os negros (pardos, crioulos, africanos) representavam a maioria da população livre da província, com um total de 59% dos habitantes. Quando acrescentamos a essa população os dados que essa mesma pesquisadora apresenta sobre o plantel de escravos, 127.366 indivíduos — quase metade da população livre —, não resta dúvida quanto à presença hegemônica dos negros na população mineira.

Essa supremacia também pode ser constatada na população dos distritos que tomamos para análise. Isso fica claro quando subdividimos a população nas categorias de brancos, escravos e negros livres que, do ponto de vista social, são distinções que comportam um importante significado na sociedade mineira do século XIX:

Gráfico 10. Brancos, escravos e negros livres registrados nas listas nominativas – 1831

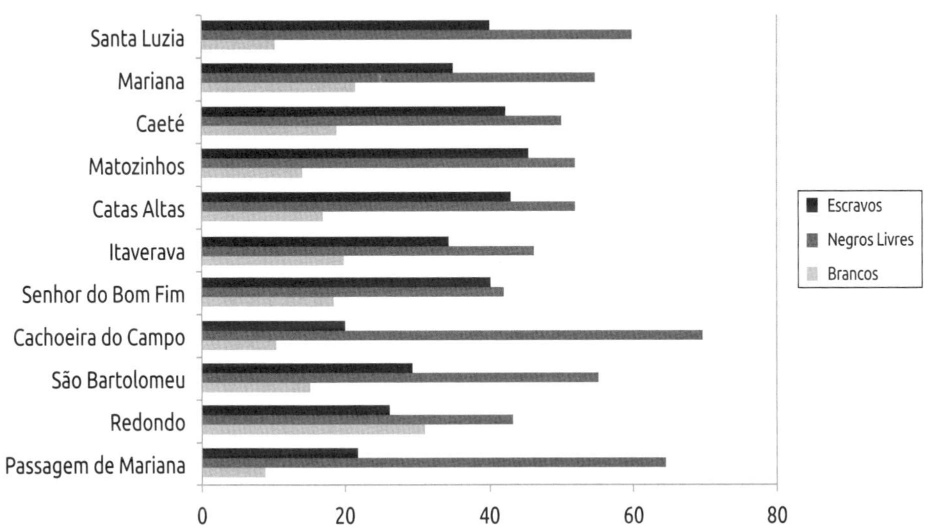

Fonte: Arquivo Público Mineiro – Listas nominativas de habitantes.

Os dados relativos à população dos onze distritos que analisamos reafirmam o que foi indicado por Paiva (1996). Isso torna-se mais evidente quando agregamos os negros livres e os escravos contrapondo-os à população branca. Há uma enorme discrepância entre esses dois grupos. Dessa maneira os brancos não chegavam a compor sequer um terço da população de nenhum dos distritos que analisamos. Apenas em

Redondo a população branca estava próxima de trinta por cento, nos demais ela estava em geral abaixo de um quinto da população total.[8]

Na visão das elites do século XIX, essa composição da população era tida como negativa e determinava a necessidade da construção de instrumentos de controle social para civilizar o povo. Como define Norbert Elias (2006, p. 21-23):

> embora os seres humanos não sejam civilizados por natureza, possuem por natureza uma disposição que torna possível, sob determinadas condições, uma civilização, portanto uma autorregulação individual de impulsos do comportamento momentâneo, condicionado por afetos e pulsões, ou desvio desses impulsos de seus fins primários para fins secundários, e eventualmente também sua reconfiguração sublimada... portanto, de formas específicas de autorregulação, que eles absorvem mediante o aprendizado de uma linguagem comum e nas quais, então, se encontram: no caráter comum do *habitus* social, da sensibilidade e do comportamento dos membros de uma tribo ou de um Estado nacional. O conceito de *caráter nacional* refere-se a isso. Ele pode ter valia como instrumento de pesquisa no âmbito da teoria da civilização. (grifo do autor)

No período mais próximo à abolição da escravidão, entre 1850 e 1888, o predomínio dos negros em meio à população brasileira passou a ser duramente criticado e as propostas de superação desta marca racial foram concebidas como estratégias de combate àquilo que era chamado de africanização do país.

No período que tomamos para análise (1830-1840), em que vigorava plenamente a escravidão e no qual praticamente não havia restrições ao trabalho escravo,[9] as críticas ao perfil racial da população não eram diretas, pois criticar a *africanização*

[8] Este índice de brancos no distrito de Redondo também ocorria em função do registro do Colégio Bom Jesus de Matozinhos como um domicílio, pois, como já dissemos, isso exercia influência no perfil de sua população. Havia um predomínio absoluto dos brancos como estudantes e professores nesta instituição e a reunião desses indivíduos representava algo superior a 10% da população, o que por sua vez elevava o contingente de brancos no perfil demográfico do distrito.

[9] Entre as mais importantes restrições ao trabalho escravo está o fim do tráfico de africanos que foi estabelecido desde a década de 1820, mas efetivado apenas em 1850, e a libertação das crianças nascidas de mulheres escravas, em 1871. Fora estas medidas que estiveram no cerne daquilo que a historiografia denominou de processo de abolição do trabalho escravo, há algumas outras de menor impacto, mas importantes dentro do contexto da abolição. Dentre elas destacam-se o favorecimento do pecúlio por parte dos escravos, proibição da venda

do país implicaria colocar em questão a escravidão como instituição responsável pela introdução dos negros escravizados na sociedade brasileira. Nesse sentido, o tráfico de escravos e os negros eram concebidos como elementos que desempenhavam um papel estratégico na vida do país. Isso pode ser visto no Parecer da Comissão de Diplomacia e Estatística sobre o acordo entre Brasil e Inglaterra para abolição do tráfico de africanos em 1827:

> É prematura (a abolição do tráfico) por não termos por ora no Império do Brasil uma massa de população tão forte, que nos induza a rejeitar um imenso recrutamento de gente preta, que pelo decurso do tempo, e pela mistura de outras castas, chegaria ao estado de nos dar cidadãos ativos e intrépidos defensores da nossa pátria. É extemporânea, por ser ajustada em uma época em que a Câmara dos Deputados havia apresentado um projeto para diminuir gradualmente a importação da escravatura para o Brasil; e por não nos pertencerem mais as Ilhas dos Açores, de onde nos podia vir um imenso número de colonos infatigáveis, que povoassem a beira-mar, e os sertões do nosso Império. (*Apud* LIMA, 2003, p. 96)

Os elementos acionados pelo discurso da Comissão na tentativa de evitar a abolição do tráfico de africanos, em 1827, eram falaciosos, pois é evidente que o recrutamento de *gente preta* não estava relacionado com a construção de um povo que fosse capaz de defender a pátria, como quer fazer crer o Parecer. Na verdade, tratava-se de defender o tráfico de africanos como elemento fundamental para a manutenção da escravidão. Dessa forma, o Parecer indica a importância dessa população e a impossibilidade que existia, naquele período, de se empreender uma crítica à africanização do país, como ocorreu com intensidade após os anos de 1850, quando de fato foi estabelecido o fim do tráfico de africanos, que representou um indício claro de que a escravidão encaminhava-se para o seu fim.

No contexto dos anos de 1820, o reconhecimento da importância dos africanos estava restrito à sua função de trabalhadores escravizados, já que tudo que estava ligado a este grupo, e transcendia o mundo do trabalho, era objeto de crítica. Isso

---

de famílias de escravos em separado, fim do cativeiro para as pessoas idosas e fim da escravidão em algumas províncias do Império. Para uma análise deste assunto e suas relações com a educação, ver: Fonseca (2002).

pode ser constatado nas considerações sobre as influências negativas que os escravos difundiam na sociedade brasileira, o que era tomado como algo que deveria ser combatido. Um dos instrumentos reconhecidos como necessários para esse combate era a educação, que deveria ser utilizada como uma forma de minimizar os problemas decorrentes de uma sociedade na qual os escravos se faziam presentes, tanto no mundo público como no privado. É o que revela o Presidente da Província Bernardo Jacintho da Veiga (1840, p. 37), em sua Fala Dirigida à Assembleia Provincial de Minas:

> Outra causa não menos poderosa, a meu ver, que também embarga o rápido desenvolvimento da instrução em diversas Escolas, consiste na educação viciosa de algumas casas de famílias, ou pela triste necessidade de confiarem seus filhos ao cuidado de escravos, que jamais poderão inspirar-lhes sentimentos generosos. Se um hábil professor pudesse encarregar-se da educação de um menino desde o berço, seu trabalho seria seguramente coroado do mais feliz sucesso, mas os que entram para a escola tem já recebido certos princípios, que quando maus, não se podem corrigir com facilidade.

Na crítica apresentada pelo Presidente da Província a escravidão não é condenada e, tampouco, apresentada como um problema. O que de fato incomodava eram as influências difundidas pelos escravos, isso tornava necessária a difusão da instrução que era idealizada como algo que deveria ocorrer a partir da ação de um hábil professor que, como o preceptor do Emílio, de Rousseau, deveria educar a criança desde o berço.

A questão que foi colocada em destaque pelo Presidente da Província aparece também no relato do viajante alemão Eschwege (1996, p. 80).[10] Para ele, um frágil contato das crianças com a educação não seria capaz de se sobrepor às influências adquiridas a partir da convivência com os escravos no mundo privado: "as crianças de ambos os sexos são entregues aos cuidados de escravas que não coíbem seus vícios nem mesmo na presença das suas pupilas. Estas, logo acostumadas, tratam de seguir-lhes o exemplo".

---

[10] O alemão Wilhelm Ludwig von Eschwege (1777-1855) esteve no Brasil entre 1810 e 1821, vivendo praticamente todo esse período em Minas Gerais, onde trabalhou desenvolvendo atividades ligadas à mineralogia. Suas impressões sobre as Minas Gerais e o Brasil foram publicadas pela primeira vez em 1824, na Alemanha, em um livro cujo título era *Brasil, novo mundo*.

A ação educativa dos escravos e a forma negativa como esta era avaliada também podem ser registradas a partir do testemunho de Francisco de Paula Ferreira Rezende, que escreveu um livro chamado *Minhas Recordações*, onde, entre outras coisas, registra sua infância na Vila de Campanha, durante os anos de 1830 e 1840. Uma das coisas que Rezende (1944, p. 108) destaca é a influência que sobre ele exerceu uma escrava chamada Margarida, com a qual conviveu durante toda a sua infância:

> Nem se estranhe que assim me ocupe, e com uma tão grande e quase excessiva minuciosidade de uma simples preta escrava; porque se aqui não omito os meus parentes mais ou menos nobres e se de preferência procuro falar de gente e de coisas grandes, contudo o que principalmente me dirige a pena, é a lembrança daqueles a quem mais devo ou que mais me amaram neste mundo; e esta pobre e alegre negra tanto me amou, tantas vezes me teve ao colo, que ainda mesmo que eu quisesse, não poderia jamais dela me esquecer. Outra circunstância, porém, existe ainda, que faz com que eu não pudesse deixar de menciona-la aqui; é, que um dos pontos do meu programa é o deixar registrado escrito o nome de todos os meus mestres; e ainda que nunca professasse de cadeira, a Margarida sabia tanta coisa e tanta coisa me ensinou, que ela não pode deixar de entrar na classe dos meus bons professores.

Como haviam apontado o Presidente de Província e o viajante europeu, a presença de escravos no mundo privado e o fato de assumirem a responsabilidade de criar os filhos de seus senhores possibilitavam a transmissão de uma série de conhecimentos que estavam ligados a uma cultura que era vista como ameaçadora. O depoimento de Francisco de Paula Ferreira Rezende deixa claro que essa relação entre as crianças e os escravos se dava em um nível de intensidade que, *mesmo sem professar cadeira*, a escrava Margarida não podia deixar de ser contabilizada como uma de suas mestras.

A utilização de termos escolares na qualificação da relação que estabeleceu com a escrava indica o nível de influência que teve a cativa Margarida no aprendizado recebido pelo menino Francisco de Paula Ferreira Rezende. Mas a transposição dos termos escolares para o contexto de sua relação com a escrava também indica que ele estabeleceu contatos com processos de educação formal em nível suficiente para adquirir outros mestres e outros conteúdos que lhe permitiram reavaliar o aprendizado que recebeu desta *estranha mestra*. Francisco de

Paula Ferreira Rezende (1944, p. 108) qualifica negativamente as influências que os escravos lhes transmitiram, durante a infância:

> com isso não quero dizer, que uma tal aprendizagem e que sendo sobretudo feita em uma idade tão tenra como era a minha, não deixasse de ter os seus inconvenientes; pois que, além de ser isso uma dessas coisas que a razão nos mostra, eu ainda sei, e o sei muito bem, que para mim os teve, com efeito, e de uma natureza quase irremediável.

A experiência como um branco de família relativamente abastada obrigou Francisco de Paula Ferreira Rezende a tentar superar o misticismo e as superstições que absorveu no contato com os escravos. Essa experiência se aproxima em muito da crítica que, em 1840, fez o Presidente da Província, e indica que a relação entre educação e civilização tinha na escravidão um elemento de mediação e isso demarcava a necessidade de difusão da instrução elementar.

Nesse sentido, a obrigatoriedade da difusão da instrução pode estar relacionada com o perfil racial da população mineira que, em maiores proporções que em outras províncias, tinha a necessidade de colocar em circulação os elementos tidos como necessários à civilização do povo. A recorrência com que se insistia na vinculação entre educação e civilização pode estar revestida desses elementos que caracterizaram a sociedade mineira na primeira metade do século XIX. Segundo Veiga (2003, p. 42):

> Neste sentido, o discurso da educação, fator universalmente constituído na modernidade como possibilidade de uma homogeneidade cultural, pré-requisito para o progresso, possuiu no Brasil uma singularidade em relação a outros países, ou seja, foi tomado em negativo. Ao afirmar as associações entre educação e civilização, as elites indicavam para a existência de uma barbárie que não estava na Igreja, ou ainda apenas nas superstições, nos gestos e nos hábitos da população, mas antes na sua cor de pele, na sua origem étnico-racial.

Assim, a obrigatoriedade da instrução e o caráter civilizacional que marcaram os discursos da educação podem adquirir um significado específico quando os contrapomos às características da população mineira e sua relação com a escravidão. A partir desse contraponto, o caráter simbólico do discurso sobre a obrigatoriedade escolar pode ser associado ao perfil racial da população mineira, que foi profundamente marcado pelas práticas escravistas, fazendo com que os africanos e seus descendentes predominassem na sua estrutura demográfica.

Esse fato pode ser tomado como uma das justificativas para que a legislação mineira fosse além daquilo que havia sido definido pela Constituição do Império, tornando-se uma das primeiras províncias brasileiras a instituir a gratuidade e a obrigatoriedade da instrução, estabelecendo, inclusive, punições para os pais que não enviassem seus filhos às escolas. A educação era concebida como um elemento fundamental na constituição de um povo civilizado, e esta não era uma das características atribuídas à população negra. Portanto, era exatamente onde predominava essa população que a educação deveria ser tomada como um instrumento essencial na constituição de um povo civilizado. Dessa forma, a ideia de civilização adquire uma dimensão específica e também pode ser considerada como uma metáfora da raça e da necessidade de combater as influências disseminadas pelos negros na sociedade mineira.

Essa hipótese torna-se ainda mais plausível quando constatamos que a população negra não era apenas um dos públicos ao qual a escola estava destinada, mas aquele que efetivamente se fazia presente na instrução elementar. Quando utilizamos as informações das listas nominativas para elaborar um perfil racial das escolas, constatamos que em todos os distritos os negros eram a maioria daqueles que foram registrados na condição de alunos das escolas de instrução elementar.

Gráfico 11. Número de indivíduos na escola elementar registrado nas listas nominativas – por raça

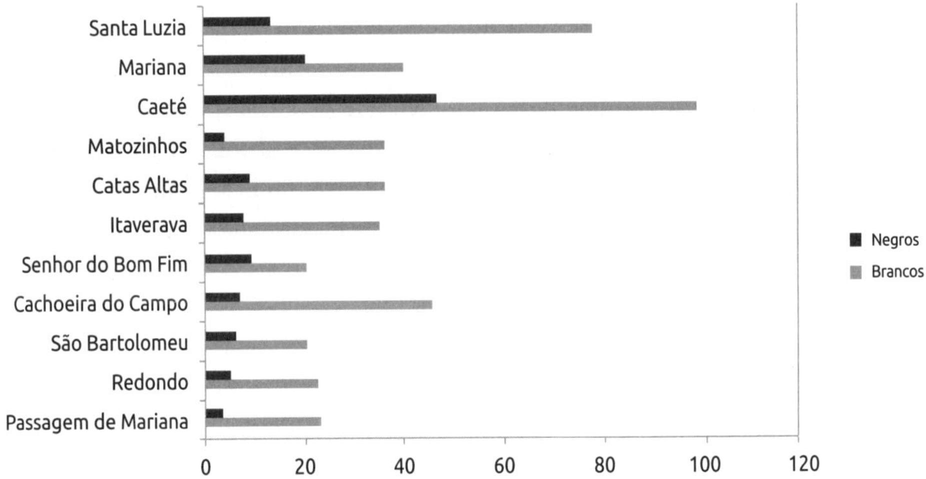

Fonte: Arquivo Público Mineiro - Listas nominativas de habitantes.

Em nenhum dos distritos que analisamos os brancos se faziam presentes na escola em número superior aos negros.[11] Esses dados indicam que havia uma relação entre a população e o perfil da escola, ou seja, os negros eram maioria na população e essa condição se refletia também nas escolas, onde eles eram numericamente superiores aos brancos.[12]

CONSIDERAÇÕES FINAIS

No contexto dos anos de 1830, o estabelecimento da obrigatoriedade da instrução elementar não passou de uma intenção. Isso fica evidente quando consideramos o

[11] Em relação ao distrito de Redondo, desconsideramos os dados relativos ao domicílio representado pelo Colégio Bom Jesus do Matosinhos que, assim como o Colégio Caraça, possuía um perfil altamente elitizado e era uma exceção em relação às escolas mineiras. Ver: Fonseca, (2009).

[12] Quando comparamos os dados das listas nominativas com um conjunto de listas de alunos que, nos anos de 1820 e 1830, foram enviadas por professores ao Governo da Província em cumprimento a uma determinação que, entre outras coisas, obrigava-os a registrar a frequência de seus alunos, constatamos que o predomínio numérico dos negros se dava tanto em aulas públicas como particulares. Ver: Fonseca (2009).

nível de atendimento à população em idade escolar e o baixo crescimento das matrículas nas escolas mineiras das décadas de 1830 e 1840. Dessa forma, a definição da obrigatoriedade escolar pode ser concebida como uma representação de um ideário civilizatório que entendia que a educação tinha um papel fundamental no processo de controle da população. Nessa perspectiva, a ideia de civilizar o povo pode ser tomada como algo que comporta um nível de articulação entre educação e raça. A ideia de civilização como metáfora de um processo racializado pode ser um indício dos antecedentes históricos da relação entre a questão racial e a educação brasileira, pois este seria, desde o século XIX, elemento constitutivo de sua identidade enquanto prática social.

Talvez isso possa explicar as dificuldades que, na atualidade, a área da educação vem enfrentando para redimensionar suas formas de tratamento em relação à população negra. Ou seja, o que está em questão no debate contemporâneo não é apenas um conjunto de práticas pedagógicas difusas que tendem a desqualificar a população negra, mas um projeto civilizatório que procurou se estabelecer por meio da educação e que remonta ao próprio processo de constituição do Brasil como nação.

REFERÊNCIAS

BERGAD, Laird W. *Escravidão e história econômica:* demografia de Minas Gerais (1720-1880). Bauru: EDUSC, 2004.

CHALHOUB, Sidney. *A força da escravidão:* ilegalidade e costume no Brasil oitocentista. São Paulo: Companhia das Letras, 2012.

ELIAS, Norbert. *Escritos e ensaios*: Estado, processo, opinião pública. Rio de Janeiro: Jorge Zahar Ed., 2006.

FARIA FILHO, Luciano Mendes; RESENDE, Fernanda Mendes. A história da política educacional em Minas Gerais no século XIX: os relatórios dos presidentes de província. *Revista Brasileira de História da Educação*, São Paulo, 2001.

FARIA FILHO, Luciano Mendes de; GONÇALVES, Irlen Antônio. Processo de escolarização e obrigatoriedade escolar: o caso de Minas Gerais (1835-1911). *In*: FARIA FILHO, Luciano Mendes de (Org.). *A infância e sua educação:* materiais, práticas e representações (Portugal e Brasil). Belo Horizonte: Autêntica, 2004.

FONSECA, Marcus V. População negra e civilização: uma análise a partir do estabelecimento da obrigatoriedade escolar em Minas Gerais (1830-1850). Educação em Revista (UFMG. Impresso), v. 65, p. 66-87, 2009.

FONSECA, Marcus V. *População negra e educação:* o perfil racial das escolas mineiras no século XIX. Belo Horizonte: Mazza Edições, 2009.

FONSECA, Marcus V. *A educação dos negros:* uma nova face do processo de abolição do trabalho escravo no Brasil. Bragança Paulista: Ed. Universidade São Francisco, 2002.

FONSECA, Marcus V.; HAMDAN, Juliana Cesário; CARVALHO, Rosana Areal. *Entre o seminário e o grupo escolar:* a história da educação em Mariana (XVIII e XX). Belo Horizonte: Mazza Edições, 2013.

GOUVEA, Maria Cristina Soares de. A escolarização da "meninice" nas Minas oitocentista: a individualização do aluno. *In*: FONSECA, Thais Nívia de Lima; VEIGA, Cynthia Greive. *História e historiografia da educação no Brasil.* Belo Horizonte: Autêntica, 2003.

GOUVEA, Maria Cristina Soares de. Meninas nas salas de aula: dilemas da escolarização feminina no século XIX. *In*: FARIA FILHO, Luciano Mendes de (Org.). *A infância e sua educação*: materiais, práticas e representações (Brasil e Portugal). Belo Horizonte: Autêntica, 2004.

LIMA, Ivana Stolze. *Cores, marcas e falas*: sentidos da mestiçagem no Império do Brasil. Rio de Janeiro: Arquivo Nacional, 2003.

PAIVA, Clotilde A. *População e economia nas Minas Gerais do século XIX.* Tese (Doutorado) – FFLCH/USP, São Paulo, 1996.

VEIGA, Cynthia Greive. História política e história da educação. *In*: FONSECA, Thais Nívia de Lima; VEIGA, Cynthia Greive (Org.). *História e historiografia da educação no Brasil.* Belo Horizonte: Autêntica, 2003.

VEIGA, Cynthia Greive. *Cultura escrita e educação*: representações de criança e imaginário de infância, Brasil, século XIX. Belo Horizonte, 2006. Mimeografado.

VEIGA, Cynthia Greive. Obrigatoriedade escolar em Minas Gerais no século XIX: coerção externa e autocorreção. *In*: VIDAL, Diana Gonçalves; FIGUEIREDO DE SÁ, Elisabeth; SILVA, Vera Lúcia Gaspar da. *Obrigatoriedade escolar no Brasil.* Cuiabá: EdUFMT, 2013.

VEIGA, Cynthia Greive. Crianças negras e Mestiças no processo de institucionalização da instrução elementar, Minas Gerais, século XIX. *In:* CONGRESSO BRASILEIRO DE HISTÓRIA DA EDUCAÇÃO, 3. *Anais*... Curitiba: Sociedade Brasileira de História da Educação, 2004.

VIDAL, Diana Gonçalves. Faces da obrigatoriedade escolar: lições do passado, desafios do presente. *In*: VIDAL, Diana Gonçalves; FIGUEIREDO DE SÁ, Elisabeth; SILVA, Vera Lúcia Gaspar da. *Obrigatoriedade escolar no Brasil*. Cuiabá: EdUFMT, 2013.

Documentos consultados

ESCHWEGE, Wilhelm Ludwig von. *Brasil, novo mundo.* Belo Horizonte: Centro de Estudos Históricos e Culturais, Fundação João Pinheiro, 1996.

LISTAS NOMINATIVAS DE HABITANTES. Arquivo Público Mineiro: Fundo Presidente de Província – Documentos Microfilmados.

LISTAS NOMINATIVAS DE HABITANTES. Arquivo Público Mineiro: Inventário Sumário dos Mapas de População – Documentos Microfilmados.

LIVRO DAS LEIS MINEIRAS. Ouro Preto (1835-1883). Arquivo Público Mineiro.

REZENDE, Francisco de Paula Ferreira. *Minhas recordações.* Rio de Janeiro: Livraria Jose Olympio Ed., 1944. (Coleção Documentos Brasileiros, v. 45).

RELATÓRIOS DE PRESIDENTE DE PROVÍNCIA DE MINAS GERAIS DE 1837 A 1851. Disponível em: <http://www.crl.edu/content.asp>. Acesso em: jun. 2006.

Moral ou econômica: a questão escravista no pensamento de Tavares Bastos (1861-1870)

Juliana Cesário Hamdan

O presente estudo pretende avançar na compreensão das formas por meio das quais um conjunto de concepções, formuladas por Tavares Bastos,[13] articuladas em torno de questões candentes à época, com foco no debate sobre a escravidão, contribuiu para a constituição do espaço público no Brasil Imperial. Tais concepções foram elaboradas com vistas a superar os entraves e atrasos sistematicamente identificados e denunciados, em direção a um progresso que tinha como referência nações mais desenvolvidas, sobretudo os Estados Unidos. Para isso, a análise proposta retoma, por um lado, algumas das principais obras do político alagoano e as formas por ele adotadas para defender e argumentar a necessidade da emancipação dos negros. Por outro, retoma trechos de obras de alguns de seus principais biógrafos e prefaciadores de seus livros, procurando identificar as permanências e rupturas nos discursos do

---

[13] Ainda que num tom bastante laudatório, Carlos Pontes (1975) é considerado como o principal biógrafo de Tavares Bastos e afirma reiteradas vezes que este foi um dos casos de maior precocidade da História do Brasil. Bacharelou-se em Direito em 1858, então com apenas 20 anos, para se doutorar no ano seguinte. "Aureliano Cândido Tavares Bastos nasceu a 20 de abril de 1839, na cidade de Alagoas, (na época capital da Província de Alagoas), hoje Marechal Deodoro. Morreu em 3 de dezembro de 1875, em Nice, no sul da França. Ingressou na vida parlamentar como deputado pela Província de Alagoas e exerceu três legislaturas seguidas. Com a dissolução da câmara em 16 de julho de 1868, deixou a carreira parlamentar sem, contudo, afastar-se dos vínculos que o mantiveram ligado aos problemas políticos, econômicos e sociais do país. Publicou vários panfletos, pelos quais expunha reflexões acerca do país, de 1861 até o ano de 1873" (SOUZA, 2006, p. 1).

autor, ao longo de sua brevíssima vida e atuação política, tendo como mote a centralidade que a questão da escravidão ocupou em sua trajetória como político e escritor.

Não obstante a morte bastante precoce, com apenas trinta e seis anos, Tavares Bastos, assim como muitos políticos de sua geração, utilizou fartamente a estratégia de escrever e publicar suas ideias e ideais, em jornais, panfletos e livros. Entre as suas principais obras publicadas, estão *Os males do presente e as esperanças do futuro* (1861), *Cartas do solitário* (1862) e *A Província* (1870), sendo que este último é o mais conhecido e citado deles. Logicamente, cada uma dessas obras tem um contexto particular, tanto no que se refere aos objetivos, como também às respectivas condições de publicações e de circulação. Entretanto, sobretudo se considerarmos a amplitude dos temas abordados nas referidas obras, alguns deles são transversais a todas elas, ainda que tratados com intensidade distinta. No caso da instrução, o tema é tratado de forma incidental em diversas obras e apenas no livro *A Província* há um capítulo inteiro dedicado à questão.[14] Já o caso do tema da escravidão é diferente: é tratado de forma extensiva e intensiva em todas elas.

A questão foi tão candente para o político que até mesmo seus principais biógrafos destacam-na em seus textos. Carlos Pontes,[15] considerado como um dos principais deles, no livro intitulado *Tavares Bastos (Aureliano Cândido): 1839-1875*, de 1939, dedica um dos mais extensos capítulos a tratar das formas por meio das quais o problema da escravidão ocupou centralidade na vida do político. Segundo o autor, essa questão foi uma das primeiras a povoar o pensamento de Tavares Bastos, muito antes de a causa ter o desfecho que hoje conhecemos e o vigor no debate à época. Tal posicionamento permitiu ao referido biógrafo defender, inclusive, que muitos dos avanços subsequentes nesse campo deveram-se ao empenho e estudos do político. De acordo com as palavras do autor:

---

[14] No livro "[...] A Província, primeira edição de 1870 (1975a), há um tratamento intensivo da questão da instrução. Nessa perspectiva de procurar compreender a realidade brasileira e propor alternativas para o desenvolvimento do país, no livro A Província, a instrução desloca-se de um lugar de subordinação para ocupar o eixo, a partir do qual as demais questões presentes de forma recorrente nas obras do autor devam se articular" (HAMDAN, 2014, p. 194).

[15] Escritor alagoano. "São escassas as informações sobre a vida de Carlos Pontes. Após sua saída da política foi, no Rio de Janeiro, diretor da Biblioteca da Caixa Econômica Federal, cargo no qual se aposentou. E, mesmo à época em que lançara a biografia de Tavares Bastos, seu nome era desconhecido" (TOLENTINO, 2011, p. 2).

> Compulsando-se os arquivos de Tavares Bastos, na parte relativa à escravidão, vê-se pelo acervo do material reunido o interesse capital que consagrara ao assunto. Nele se encontram dados estatísticos desenvolvidos sobre o tráfico em geral e entradas de negros no Brasil, relativos a cada província; reflexões rápidas como instantâneos do pensamento; curiosidades históricas; notas eruditas; correspondências, inquéritos e esboços de projetos; recortes de jornais, contendo informações interessantes; resumos de palestras com políticos eminentes, fixando-lhes as indiscrições preciosas; toda uma farta aparelhagem que leva a crer que destinava a algum trabalho futuro, de certas proporções, sobre o importante problema. (PONTES, 1939, p. 153)

Ainda se referindo ao reconhecimento da centralidade que a questão da escravidão ocupou nas proposições políticas de Tavares Bastos, por parte dos seus principais biógrafos, no livro intitulado *Tavares Bastos visto por alagoanos*, publicado no centenário de sua morte, em 1975, pela Assembleia Legislativa Estadual de Alagoas, dos 25, dois abordaram a vida de Tavares Bastos a partir da questão, de forma direta, e todos os demais tratam-na de forma mais ou menos intensiva. Assim, o primeiro capítulo do livro acima referido se intitula "Tavares Bastos e o problema Abolicionista" e foi escrito por Abelardo Duarte[16] (1900-1992). Nele, o autor aponta um agudo conhecimento de Tavares Bastos sobre a realidade brasileira no que se refere ao problema da escravidão e defende que o que o motivava para este problema seriam questões de cunho humanitário. Entretanto, os argumentos que apresenta, a partir de excertos de obras escritas por Tavares Bastos, estão mais assentados em um posicionamento político, ideológico e econômico, de cunho liberal e capitalista.

O segundo autor que escreve sobre Tavares Bastos no livro acima citado, a partir do tema da escravidão, é Costa Rego[17] (1889-1954), cujo capítulo se intitula "Abolição". Nesse artigo o autor apresenta uma breve história da escravidão no Brasil para culminar nas contribuições do político alagoano, que foram essenciais para a

[16] Médico e escritor alagoano, professor emérito da Universidade Federal de Alagoas, secretário Perpétuo do Instituto Histórico e Geográfico de Alagoas, sócio honorário do Instituto Histórico e Geográfico de São Paulo e membro de inúmeras outras instituições. Distinguiu-se também por acentuado interesse por questões "negras" que dizem respeito à musicologia.

[17] Político alagoano, "[...] foi um dos mais respeitados jornalistas do seu tempo, atuando no principal jornal do país, o Correio da Manhã" (SANDES, 2008, p. 41).

configuração histórica da abolição dos escravos no Brasil, em 1888. Para esse biógrafo, Tavares Bastos não "transigia com avanços lentos" e "propunha a fórmula que venceu em 13 de maio de 1888, ou seja, a completa liberação dos escravos", com, pelo menos, 30 anos de antecedência. Ainda que o Parlamento tenha lhe virado as costas, "[...] ele estava, sem embargo, vitorioso. Por que? Porque da rejeição de sua proposta, extinto como estava o tráfico [...]", foram criadas as principais sociedades destinadas a comprar cartas de alforrias, com o objetivo de libertar escravos, das quais Tavares Bastos foi incentivador e participante (1975, p. 88). Com relação a este ponto específico, identificamos certa contradição com os escritos do próprio Tavares Bastos. Ainda que o referido biógrafo aponte a intransigência com a causa da abolição, observamos que, em alguns dos textos escritos pelo próprio Tavares Bastos, a graduação no processo da abolição é defendida em diversas passagens, como veremos mais à frente neste estudo.

De maneira geral, o que podemos inferir, a partir dos textos biográficos anteriormente apresentados sobre Tavares Bastos, é que a escravidão sempre foi uma das principais preocupações em seu pensamento e em suas ações políticas, que a motivação estaria assentada, preponderantemente, em questões humanitárias, mas também econômicas, ideológicas e políticas, e que ele defendia a abolição da escravidão de forma radical. Partindo dessas assertivas e retomando algumas das principais obras de Tavares Bastos, pretendemos, a seguir, analisar em que medida seus escritos aproximam-se ou distanciam-se dos referidos textos biográficos, quando tratam da questão da escravidão.

Com relação à centralidade do tema, há um consenso entre praticamente todos aqueles que se debruçaram sobre a vida do político, evidenciando, inclusive, a recorrência da questão, presente de forma intensiva e ostensiva em suas principais obras, conforme já afirmamos no início deste texto. Resta-nos aqui explorar melhor as motivações, expressas por meio dos argumentos apresentados, que o levaram a empenhar-se tanto nesse sentido, tomando três de seus sete livros como referência. Desta forma, começamos por analisar o primeiro deles.

A REALIDADE, A ILUSÃO E A SOLUÇÃO

O livro *Os males do presente e as esperanças do futuro*, publicado em 1939 pela Brasiliana, tem uma história peculiar: trata-se de uma obra que reúne quatro opúsculos, produzidos em diferentes datas, que foram relativamente pouco conhecidos na ocasião de sua escrita. O primeiro, cujo título dá nome ao livro, escrito em 1861, assinado pelo pseudônimo de "Um excêntrico", foi dedicado a José Bonifácio (1763-1838), e o autor faz uma aguda análise da realidade brasileira. O segundo se intitula "Memória sobre a imigração" e foi publicado em 1867, como um relatório da Sociedade Internacional da Imigração da qual fazia parte. O terceiro deles é denominado "A situação e o partido liberal", de 1872, em que o autor faz uma forte crítica ao seu partido, argumentando que o êxito social fruto da ação política sobrepunha quaisquer posicionamentos ideológicos. O último deles se intitula "Reforma eleitoral e parlamentar e constituição da magistratura", de 1873, em que traduz, por meio de um projeto de lei, as proposições apresentadas nos capítulos anteriores.

A estrutura dos textos do projeto editorial do livro atribuiu uma significativa organicidade à obra, na medida em que as propostas, rigorosamente organizadas, passam pela condição de ideias, ganham força com argumentos sustentados por dados, para, por fim, serem consubstanciadas em projetos de lei, correspondendo cada uma dessas etapas a um dos quatro opúsculos, respectivamente. Analisando a obra, podemos nos acercar de uma primeira conclusão: os temas abordados por Tavares Bastos são muito articulados entre si e é tarefa difícil segmentá-los, mesmo que seja para fins explicativos. Assim, embora a questão da escravidão seja tratada de maneira mais intensiva no primeiro dos opúsculos, é no segundo deles, o que trata da imigração, que o tema ganha robustez e mais sentido. E é no último deles que as ideias se concretizam como uma possibilidade de transformação da realidade, desde que adquirissem a forma de lei.

Retomando o primeiro dos opúsculos que dá nome ao livro, de 1861, nos três capítulos há a presença da temática da escravidão. No primeiro deles, intitulado "Realidade", o autor aponta que dentre os diversos problemas que assolam o país, um dos, senão o mais grave, seria o "[...] tráfico horrível de escravatura, dissimulado por tanto tempo e suprimido de uma vez, sem que os lavradores pudessem prevenir os meios de substituir um recurso com que contavam". Não seria por acaso que esse trecho estaria localizado logo em seguida ao problema da imigração, que teve seu curso interrompido "[...] em função da intolerância e criminosa indiferença do governo [...]", antecedido pela questão da educação pública, concebida como a "[...] mãe do progresso", cuja nulidade dos efeitos educativos se faz reverberar pelo óbvio comprometimento do progresso de qualquer país (TAVARES BASTOS, 1976, p. 36-37). No capítulo em tela, os problemas do Brasil são apontados a partir de argumentos de cunho eminentemente moral.

No segundo deles, intitulado “Ilusão”, o político demonstra a inutilidade de se pensar em resolver os problemas da nação considerando os tipos de governos e de políticos que se tinha nesse país. Segundo ele, a oscilação entre os feitos individuais e as expectativas nos arranjos políticos espasmódicos já demonstrou insuficiência e corrupção. Daí que a solução deveria vir do “[...] desenvolvimento gradual do espírito político, a energia dos homens políticos, a independência de cada um, a prática do *self goverment*, a liberdade das câmaras e a força própria dos ministérios podem evitar que pese demais uma influência qualquer, abalando o equilíbrio constitucional”. O tom moralizante permanece, mas aspectos dos ideais liberais, com acento na crença da força das instituições, emergem como horizonte de desenvolvimento político, para superar experiências históricas malfadadas, tais como a “[...] ineficácia do movimento de 1831” (TAVARES BASTOS, 1976, p. 41-42).

Já no terceiro e último capítulo intitulado “Solução”, do opúsculo de 37 páginas que compõe a primeira parte do livro *Os males do presente e as esperanças do futuro*, a tônica recai sobre o papel político que um governo idealizado pelo autor teria para superar os entraves e colocar o Brasil nos mesmos trilhos de países desenvolvidos, sem que fosse em uma condição de subserviência. Entre as diversas ações com que o governo deveria se comprometer, “[...] prosseguindo nas ideias do tempo da independência, reatando o fio dos projetos do venerável José Bonifácio e dos corações generosos”, estaria a realização de “[...] estudos práticos de emancipar-se lentamente a escravatura, reconstituindo-se sobre bases naturais a organização do trabalho” (TAVARES BASTOS, 1976, p. 47). Nesse excerto, vemos que a questão desloca-se ainda que levemente do tom moralizante, para um cunho mais político e explicita que o autor defendia a graduação no processo de abolição da escravidão. E, como veremos na parte que se segue, suas motivações eram predominantemente políticas, econômicas e ideológicas, considerando os argumentos que mobiliza.

No opúsculo seguinte, intitulado “Memória sobre imigração”, de 1867, Tavares Bastos apresenta a questão da imigração sustentando suas análises em dados estatísticos relativos a diversos países, articulando-os ao problema da escravidão. Inicia apresentando o crescimento econômico da Austrália e da Argentina, associado ao crescimento do número de imigrantes. Mas, no Brasil, tal crescimento ainda teria um impeditivo, que seria precisamente o problema, segundo a opinião corrente à época, inclusive entre pessoas autorizadas, de que a imigração seria incompatível com a escravidão.

O político afirma que a imigração era incompatível com o tráfico de escravos, quando se observou que, no Brasil e também em outros países, as taxas de imigração eram bem inferiores às dos escravos, até 1850.[18] Segundo dados de países em que uma realidade foi substituída gradualmente por outra, tal como se deu em alguns estados dos EUA, a imigração torna-se compatível com a presença do trabalho escravo, ainda que de forma transitiva. Todavia, alguns entraves teriam que ser enfrentados. Um deles seria a competição entre uma e outra, porque seria necessário considerar que "[...] sendo as cidades os grandes centros de indústrias onde o recém chegado encontraria facilmente trabalho e salário, o braço escravo, que aí domina, impede o acesso delas ao imigrante" (BASTOS, 1976, p. 59).

A solução apontada por Tavares Bastos para o caso do Brasil seria o deslocamento dos escravos para províncias cujas taxas populacionais de escravos eram baixas e haveria carência nas lavouras, deixando o trabalho mais exigente nos centros urbanos para os imigrantes. Deveria haver para isso uma legislação que aumentasse vertiginosa e progressivamente a taxa sobre o preço dos escravos, como forma de impedir o crescimento da população escrava no Brasil e manter os escravos existentes circunscritos aos serviços domésticos. Aqueles proprietários que excedessem o número permitido pagariam multas elevadas. Desse modo, segundo o autor, "[...] desapareceria das cidades a repugnante indústria do aluguel de escravos, e os imigrantes as povoariam lentamente, substituindo aqueles nos serviços urbanos com maior proveito do público" (BASTOS, 1976, p. 59). Assim, o trabalho urbano, que exigiria força de trabalho mais qualificada, seria destinado ao imigrante, enquanto que o trabalho escravo deveria se restringir aos afazeres domésticos e às atividades nas lavouras. Se essa questão não ficasse bem delimitada, de fato, haveria competição pelos postos de trabalho e estes poderiam ser incompatíveis. Nas palavras do autor,

> [...] o imigrante pode competir com o escravo; portanto, se o primeiro não substitui ao segundo nas cidades, derrama-se pelos núcleos coloniais, ou

[18] "A Lei 581 do Império do Brasil, aprovada em 04 de setembro de 1850 e conhecida como Eusébio de Queiroz, extinguiu finalmente o tráfico de escravos africanos para o país, após mais de 30 anos de acordos não-cumpridos com a Inglaterra" (MATTOS, 2009, p. 368). Em seu artigo 6º, "[...] garantiu a reexportação, por conta do Estado, dos africanos que fossem apreendidos; e declarou que, enquanto isto não se verificasse, trabalhariam eles sob a tutela do governo, não podendo em caso algum os seus serviços serem dados a particulares" (TAVARES BASTOS, 1976, p. 78).

> procura os distritos onde é menos densa a escravidão. Ora, estes distritos não são raros; há províncias inteiras que poucos escravos possuem, como Paraná e Santa Catarina ao sul, Ceará e Amazonas ao norte. (BASTOS, 1976, p. 59)

Embora tenha defendido veementemente essa ideia, sustentando-a por meio de argumentos de cunho político e econômico, o político, em sua obra *A Província*, (1870) considerada como a mais madura delas, retifica seu posicionamento e contra-argumenta a si próprio, como veremos mais à frente.

No capítulo seguinte, e terceiro dos que constituem Os *males do presente e as esperanças do futuro* (1939), denominado "A situação e o partido liberal", publicado inicialmente em 1872, o político alagoano coloca a questão sobre qual deveria ser o papel do governo na questão da imigração: se deveria promovê-la ou deixá-la abandonada "às causas naturais". Para responder a essa pergunta, apresenta novamente o exemplo de diversos países, tais como EUA, Áustria, Austrália, Chile, Peru, Venezuela, entre muitos outros, que impuseram ações para o controle e estímulo do fluxo imigratório e como estas haviam logrado êxito nessa empreitada.

No seu projeto de lei sobre a representatividade política, apresentado no último capítulo do livro, intitulado *Reforma Eleitoral e Parlamentar e Constituição da Magistratura*, publicado no opúsculo de 1872, os libertos poderiam não só votar, mas também se candidatar a cargos públicos. Todavia, adverte sobre a dificuldade em tê-los aspirando a cargos de âmbito nacional, ainda que já não fosse raro os ter em nível municipal e estadual, excluindo apenas os analfabetos, sendo eles livres ou não.

O que podemos asseverar com relação ao posicionamento de Tavares Bastos sobre a escravidão nesse livro afasta um pouco das ideias de dois dos seus principais biógrafos alagoanos, no que se refere ao cunho humanista de suas proposições, como também à forma radical com que defendia a abolição. Segundo nossas análises, a motivação do político alagoano alinha-se mais a causas políticas, ideológicas e econômicas e, nesse sentido, a abolição da escravidão deveria seguir um curso gradual, articulado e mediado pela ampliação do processo migratório, conduzido e induzido pelo governo. A graduação do processo abolicionista estava, de certa forma, condicionada às possibilidades de vinda e de condições de trabalho de imigrantes no Brasil. A presença dos imigrantes, vindos geralmente de países mais adiantados, representaria uma significativa possibilidade de desenvolvimento econômico, muito diferente, para o político, daquela experiência com os negros africanos.

Antes de passarmos para o próximo livro do político em que a causa da abolição também é recorrente em seu pensamento, não podemos deixar de analisar os textos de apresentação e prefácio de *Os males do presente e as esperanças do futuro*, dadas as contribuições destes para a compreensão do pensamento de Tavares Bastos, sobretudo no que se refere à escravidão e às motivações para defendê-la, foco deste estudo.

Começando pela apresentação à segunda edição de 1976, o historiador carioca José Honório Rodrigues[19] (1913-1987) tece inúmeras considerações sobre a relevância política de Tavares Bastos no Império, considerando-o tanto como um intérprete quanto como construtor do Brasil, que se preocupou, entre outras coisas, com a face humanitária e filantrópica da abolição, procurando aliviar a sorte dos escravos. Nesse sentido, em 1868, impetrou na Câmara um projeto decretando novos e altos valores para a taxa de escravos, dificultando paulatinamente sua utilização mercantilista. Em coerência com suas estratégias, pronunciava-se como sendo a favor da emancipação gradual e progressiva. O que Tavares Bastos pretendia, segundo Rodrigues, orquestrando a abolição progressiva e a imigração, sobretudo por meio de sua participação na Sociedade Internacional de Imigração, seria "[...] importar os confederados americanos, gente branca, anglo-saxônica, e protestante, e assim melhorar os quadros do nosso povoamento mestiço. Tavares Bastos não hesitou em escrever que um colono germânico era capaz de produzir mais do que três escravos" (RODRIGUES *apud* BASTOS, 1976, p. 11). Tal afirmativa, sem necessariamente enfraquecer as motivações humanitárias e benevolentes enfatizadas pelos prefaciadores das obras, acaba por fazer emergir com mais vigor interesses ideológicos, políticos e, sobretudo, econômicos no pensamento e ação de Tavares Bastos.

O prefácio, escrito por Cassiano Tavares Bastos[20] (1844-?), irmão mais novo de Tavares Bastos, e publicado na 1ª edição da obra, em 1939, assume o mesmo tom laudatório do texto anterior, ressaltando as muitas e significativas contribuições para as questões candentes no debate público do Império. Reforça esse tom ao referir-se a grandes personalidades políticas presentes no contexto próximo a Tavares Bastos, tais como Rui Barbosa (1849-1923), Sílvio Romero (1851-1914), José Veríssimo (1857-1916), Euclides da Cunha (1866-1909), Afrânio Peixoto (1876-1947), entre

[19] Foi integrante da Academia Brasileira de Letras, em 1969, tendo como patrono Aureliano Tavares Bastos.

[20] Sobre Cassiano Tavares Bastos, temos poucas informações, mas sabe-se que ele foi um senador da República Velha, por Alagoas.

outros, que teriam se apoiado, em algum momento das respectivas atuações políticas, nas obras e ideias do político alagoano.

Além da exaltação da obra política do irmão, a principal contribuição de Cassiano em seu prefácio seria a apresentação de alguns dos desdobramentos efetivos das ações de Tavares Bastos, ou seja, as transformações efetivas que ele logrou concretizar. No que se refere à questão da escravidão, segundo esse texto, o político teria sido o primeiro a advogar a causa do ventre livre no parlamento e, quando ainda era um acadêmico, teria publicado um notável estudo, em 1856, com apenas 17 anos, apontando a crueldade da legislação criminal brasileira sobre os escravos, já direcionando seu posicionamento para a defesa da emancipação gradual. Seja como for, apenas dez anos depois, algumas de suas principais defesas foram efetivadas no decreto de 05 de novembro de 1866. Além disso, demonstra a articulação do político com instituições internacionais de luta contra a escravidão. De acordo com Cassiano:

> O decreto de 5 de novembro de 1866, emancipando os escravos da Nação, pode ser contado entre os melhores serviços da sua propaganda política e parlamentar. Tavares Bastos de tal modo se empenhou na campanha da libertação do elemento servil que, reconhecendo-o como um dos principais esteios do abolicionismo no Brasil, foi por seu intermédio que a Comissão Permanente da Conferência Internacional Abolicionista de Paris (1867) e a *Ladies Negros's Friend Society* de Birmighan, Inglaterra, dirigiam em 1869, — aquela ao povo em geral e esta, especialmente, às senhoras do Brasil, — mensagens de caloroso apelo em prol dos escravos. (BASTOS *apud* BASTOS, 1976, p. 22, grifos do autor)

Até aqui procuramos compreender melhor o pensamento e atuação política de Tavares Bastos, articulando os textos publicados no livro *Os males do presente e as esperanças do futuro* (1976) aos de seus principais biógrafos, Carlos Pontes e aqueles da publicação da Assembleia de Alagoas, em 1987, Abelardo Duarte e Costa Rego, no que se refere à emancipação dos escravos. Além desses, analisamos também as reflexões de José Honório Rodrigues, que fez a apresentação da 2ª edição do livro, e o prefaciador da 1ª edição, Cassiano Tavares Bastos. Podemos concluir que, nos textos analisados, enquanto para os biógrafos e apresentadores a questão é tratada a partir de um cunho mais filantrópico e humanista, os textos do próprio autor assumem um cunho mais político, ideológico e econômico, e inclusive, não é demais reconhecer, com alguns matizes higienistas.

Vejamos, a seguir, de que forma essa tensão se verifica no livro *Cartas do solitário* (1862).

ADVOGANDO IDEIAS

Como se sabe, *Cartas do solitário* reúne 30 cartas escritas pelo político e publicadas durante seis meses, entre 1861 e 1862, no importante jornal do Rio de Janeiro, *Jornal Correio Mercantil*, sob o pseudônimo de "Solitário", por meio das quais as mesmas questões, tratadas nos textos anteriores, são expostas e argumentadas. A adoção de tal estratégia editorial sugere certo desgaste dos debates na tribuna parlamentar, levando o político a escrever e defender suas ideias de forma mais ininterrupta, favorecida pela forma epistolar. Parece ter alcançado seus objetivos, porque, independentemente da filiação político-partidária, as cartas provocaram interesse e especulação sobre a autoria e reconhecimento acerca da propriedade com que o autor se posicionava, cuja identidade só foi revelada quando a última delas foi publicada. A publicação dessas cartas, todavia, valeu ao político a demissão do serviço de Oficial da Secretaria da Marinha, mantendo-o por algum tempo em ostracismo, no que se refere ao exercício de cargos públicos.

Com quatro edições (1862, 1863, 1938, sendo a última delas publicada pela Companhia Editora Nacional, em 1975, em comemoração ao centenário de morte do autor), a partir da segunda edição de 1863, já aparece organizada por três séries acrescidas de um apêndice, as quais têm por eixo os temas tratados, e não mais a ordem da publicação no jornal, como foi na primeira edição.

Na nota introdutória à edição de 1975, o sociólogo alagoano Manuel Diégues Júnior (1912-1991), além de contextualizar as questões propriamente relativas à elaboração e publicação do livro, traça a trajetória do político, ainda de forma laudatória, mas bem mais rápida do que as duas do livro anterior. Apresenta, de forma geral, a amplitude de questões abordadas por Tavares Bastos na obra, mas escolhe apenas duas delas para explorar de forma mais detida, naquele curto espaço, antecipando o conteúdo do livro ao leitor. Estas são, não coincidentemente, a questão da imigração, articulada ao problema da escravidão. Ressalta também, como o fez o irmão, ao prefaciar o livro de 1939, as consequências concretas de sua ação política, algumas das quais sequer viveu para vê-las. Todavia, atribui às questões imigratórias e escravocratas abordadas pelo político um tom predominantemente humanitário e progressista, enaltecendo ainda as contribuições culturais que cada uma das civilizações imigrantes trouxe para o Brasil, sem fazer nenhuma referência à massiva presença de africanos. Curiosamente, Tavares Bastos também jamais fez referência às contribuições da cultura africana ao Brasil, nas obras analisadas.

As cartas cujos temas versavam sobre a escravidão foram organizadas na segunda série, quase coincidindo completamente com a ordem cronológica de sua publicação (VIII, IX, X e XI). De uma forma geral, o que muda essencialmente nas cartas é a linguagem panfletária,[21] que assume um tom mais apelativo. Iniciando a série sobre o tema da escravidão, a primeira delas (VIII), chama a atenção para o descuido absoluto dos políticos, para com o povo brasileiro, com aqueles que escapavam às elites, para preocuparem-se apenas com uma política militante, estéril e partidária, em que as causas sociais sequer ocupavam lugar no debate. Depois de caracterizar o que ele consideraria como sendo o povo, oprimido em suas diversas faces, alcança a última camada das "minas de miséria", que estaria abaixo de qualquer homem livre, mesmo na mais degradante condição social: "Há ainda, abaixo do homem livre, o homem escravo; há ainda, depois do miserável que se possui, o miserável africano livre de nome somente" (BASTOS, 1975, p. 67).

Continua conclamando os políticos de bem e comprometidos com a justiça, alertando-os que é para esses que qualquer ação política deveria se voltar prioritariamente. Nesse sentido, o objetivo desse texto, de caráter vestibular, seria o de abrir uma clareira no debate público sobre a questão da escravidão, de uma maneira geral, para dar ênfase aos temas concernentes, de forma mais específica, que seriam apresentados de maneira mais detida nas cartas subsequentes.

Na nona carta, o autor abre um debate com as publicações jornalísticas, que teriam circulado naquele período, outubro de 1862, denunciando a questão da escravidão, considerando que era ainda recorrente o fato de se negar a liberdade a africanos legalmente livres. Pior ainda seria o caso dos africanos importados ilicitamente,

[21] Sobre a opção por esse tipo de texto em vez dos tratados, Alonso argumenta que os panfletos "[...] São ensaios curtos, obras de consumo imediato, que trazem sempre uma justificação doutrinária para a defesa de uma reforma do dia" (2002, p. 206).

que, formalmente, nem direitos teriam.[22] Também aponta o caso da reexportação, assegurada pela legislação de 1850, que não estava sendo observada. A partir disso, retoma os principais marcos legais contextualizando-os e articulando-os a compromissos políticos internacionais, considerando-os como expressão de importantes conquistas políticas antecedentes. Contudo, tais denúncias publicadas apontam para o fato de que tanto os políticos como o governo foram, aos poucos, relaxando por puro egoísmo, o que favoreceu não só a permanência, mas o aumento das atrocidades no que se refere às leis de proteção ao escravo.

Mais uma consequência disso seria o aumento dos distúrbios nas cidades e a situação precária da segurança, afora os problemas políticos e econômicos. Tudo isso porque, segundo sua avaliação, "[...] a onipotência do poder executivo triunfou. Mentiu-se à promessa da reexportação, rasgou-se a lei e sancionou-se um duplo crime contra a honra e contra o futuro do país". Continua argumentando que "Deixando de cumprir a promessa da lei, o governo lesava o direito do ofendido, o africano; relevava o ofensor, isto é, o traficante, da satisfação do dano causado; concorria para aumentar a procura do trabalho negro, e fomentava, portanto, ainda que indiretamente, o horrível comércio de escravatura" (BASTOS, 1975, p. 70-71). O tom do texto é, sem dúvida, de cunho mais moralizante e político.

Retomando o processo abolicionista que se deu em diversos países mais desenvolvidos e recordando os tratados internacionais, de alguns dos quais o Brasil seria também signatário, a décima carta, sequência da primeira, traz mais elementos à compreensão do descaso proposital do governo brasileiro com a questão escravista. Entretanto, nesse texto, a exemplo do livro anteriormente analisado, o autor associa o problema da escravidão à questão da imigração, mostrando, mais uma vez, com dados estatísticos, como a economia dos países que trocaram uma pela outra desenvolveu-se com mais rapidez. Mostra como a desumanidade se desnuda em dados econômicos, quando, para fazer chegar a sessenta e cinco mil escravos no Brasil, era preciso "arrancar" cem mil deles de sua terra natal. Argumenta contra aqueles que ainda defendiam a escravidão, concordando que os negros produziam riquezas, mas, era mais evidente, ainda, que havia meios mais vantajosos, como era o caso da

[22] Sobre essa questão de direitos dos escravos, Campos (2009, p. 397) considera que "[...] é perfeitamente possível afirmar que a escravidão não foi, paradoxalmente, uma experiência marcada exclusivamente pela ausência de direitos".

imigração. Assevera ainda que o seu objetivo, mais do que mostrar as vantagens da presença do imigrante era reforçar que a escravidão trouxera mais problemas do que solução para o país e que cada africano que aqui chegava, "[...] além de afugentar o imigrante europeu, era, em vez de um obreiro do futuro, o instrumento cego, o embaraço, o elemento de regresso das nossas indústrias. O seu papel no teatro da civilização era o mesmo do bárbaro devastador das florestas virgens" (BASTOS, 1975, p. 91).

A última carta da série (XI), continuidade das anteriores, aborda elementos históricos relativos à escravidão, explicando por que a responsabilidade na manutenção do tráfico não pode ser imputada à Inglaterra,[23] pela ineficiência na vigília dos navios negreiros, conforme defendem diversos críticos e políticos. Para isso, recorda as possibilidades políticas e econômicas que o país teve para limitar o comércio e como a opção foi orientada por questões egoístas e menos comprometidas com o desenvolvimento e progresso do país. O mais interessante é que nessa carta Tavares Bastos, por um lado, apresenta alguns elementos que explicam a defesa da escravidão por parte da população, sem contudo, justificá-las, e, por outro, explica também, finalmente, de forma bastante detida, qual o sentido econômico da graduação no processo abolicionista.

Ao explicar os motivos pelos quais alguns segmentos da população defendem a escravidão, afirma que isso seria mais que esperado, considerando a inépcia do governo para dirimir o impasse. O político coloca a questão da seguinte forma: "Se o tráfico era um comércio horrível perante a moral, e pernicioso em vez de útil, como se compreende que muitos lamentassem a sua extinção?". O autor responde que havia, por trás disso, uma razão muito séria: o tráfico havia reduzido a imigração à míngua, a ponto de ser essa a única alternativa à lavoura. Com os escravos, a situação na agricultura, sobretudo, já estava difícil, sem estes seria mesmo impossível. No entanto, ao tentar reverter essa situação, não obstante o gesto patriótico e humanitário da legislação de 1850, o governo mostrou-se incompetente e acabou por provocar uma situação ainda mais complicada. Assim, o autor explica que:

[23] "A proibição do tráfico nas possessões da Inglaterra, em 1807, contrariando antigos interesses coloniais com representação no Parlamento inglês, transformou a repressão ao tráfico em política de Estado para o governo britânico" (MATTOS, p. 368, 2009).

> Para suprimi-lo portanto, não se deverá ter procedido de chofre, devia-se reprimi-lo com paciência e constante energia desde a época de sua abolição (1829). O seu desaparecimento súbito, em 1850, não podia deixar de ser sensível. Foi, com efeito, estes um dos maiores erros do nosso governo. Os processos bárbaros e rotineiros da nossa lavoura exigem uma perene substituição e aumento do pessoal das fazendas. Ora, não havia ainda uma corrente de imigrantes para satisfazer a essa necessidade, que o tráfico preenchia. As vistas, pois, do governo, deveriam voltar-se com energia para ai; e, exigindo com uma mão o tráfico, deveria com a outra fomentar e desenvolver a colonização. (BASTOS, 1975, p. 99)

Termina, desse modo, a série de cartas sobre a escravidão, reiterando que não poderia ser mesmo de outra forma, já que aqueles que precisavam da força de trabalho se viram, de um dia para outro, desfalcados de uns e de outros, realçando a infelicidade e a mediocridade das medidas governamentais no que tange a essa questão. A graduação no processo da transição da escravidão para a imigração fica, assim, explicada em termos dos impactos econômicos provocados e das limitações políticas de um governo sem interesse efetivo no desenvolvimento e progresso do país.

Na obra intitulada *A Província* (1975a), provavelmente a mais conhecida de Tavares Bastos, cuja primeira edição é de 1870, há um tratamento mais aprofundado da questão da emancipação. Há um capítulo inteiro dedicado à análise desse tema, inclusive consubstanciada em dados estatísticos, como era o estilo de Tavares Bastos. Na edição comemorativa do centenário da morte do autor (1875-1975), editada pela Brasiliana, Arthur Cézar Ferreira Reis (1906-1993) escreve uma apresentação por meio da qual é possível reconhecer o grande impacto que a obra teve quando foi lançada. Segundo o referido texto, o livro representou uma possibilidade de compreensão da realidade brasileira sem precedentes, num contexto em que estudos estatísticos eram ainda incipientes.

A CRÍTICA VIGOROSA E CONSUBSTANCIADA NO FIM DA VIDA

Nessa última obra em foco, escrita cinco anos antes de sua morte prematura, podemos dizer que Tavares Bastos demonstra um maior refinamento de suas análises, quando as críticas, expressas por meio de textos mais "enxutos", por assim dizer, trazem uma carga de argumentos difíceis de serem derrubados. Na referida obra, a realidade brasileira à época do Império pôde ser mais bem apreendida, num só "golpe de vista", considerando que Tavares Bastos poderia ser tido como um autêntico geopolítico, visto que além dos estudos de gabinete, teria percorrido todo o Brasil, sobretudo a região norte, ainda bastante desconhecida, para conhecer *in loco* as exigências de cada canto da nação. Desse modo, para Ferreira Reis:

> Tavares Bastos, em *A Província*, completou a série de inventários, de crítica, de análises e de reflexões sobre realidade que o Brasil somava e precisava ser considerada por uma consciência que se elaborasse em termos de conhecimento do que ocorria e do que era preciso fazer, não como informação ou experiência desatinada, mas como fruto do que já poderia ser coletado nos anos de evolução soberana do país. Essa crítica não tinha o objetivo de demolir. Era, ao contrário, criadora. (FERREIRA REIS *apud* BASTOS, 1975a, p. 8)

De fato, na obra supracitada, a realidade brasileira é apresentada de forma problematizada e com perspectivas para a superação dos entraves, como nas anteriores. A questão da emancipação dos escravos, desta feita, é apresentada em um dos menores capítulos. No entanto, o vigor da argumentação ainda está presente, só que, agora, carregado pela experiência ocular das evidências de que suas assertivas, apresentadas e debatidas durante quase trinta anos, confirmaram-se, em grande parte.

O assunto parece ter sido tão explorado aos olhos do autor que ele mesmo inicia o capítulo perguntando-se o que de novo poderia trazer a respeito da emancipação. Entretanto, tudo indica que a situação do negro, segundo sua análise, continuava eivada de contradições e desmandos, de forma a convergir com interesses de alguns e de expressar o descaso do governo, agudizando, inclusive, a crise econômica. Reitera a exigência de se conhecer a situação do negro no país, por meio da realização de um senso, para "[...] conhecer o limite a que se cumpre elevar o fundo anualmente destinado pelas províncias para o regaste de cativos e mostrará quais as regiões o Império onde, sem o risco de crise econômica, poder-se-ia adotar desde já a emancipação simultânea" (BASTOS, 1975a, p. 167). Entretanto, dois pontos se destacam dos textos anteriores: a preocupação com a educação dos negros e o deslocamento de alguns posicionamentos fortemente defendidos por ele, nos livros aqui abordados, anteriormente.

Com relação à preocupação com a educação dos negros, sua bandeira era agora "emancipar e instruir", porque, segundo sua análise a partir de outras realidades, onde a emancipação não foi acompanhada da instrução, não foi mais do que o "contentamento de vaidades filantrópicas". Para reabilitar uma raça, a educação teria um papel fundamental. Sem ela, não seria possível que os libertos pudessem, de alguma forma, usufruir da liberdade conquistada. Cita ainda o caso dos EUA, segundo o qual diversas empreitadas foram realizadas para enfrentar o problema com "resultados estrondosos", chegando à cifra de mais de trezentos mil negros entre homens, mulheres e crianças nas escolas.

No que se refere aos seus deslocamentos, argumenta por que não defende mais a taxação progressiva da propriedade de escravos, nem a ideia de expeli-los compulsoriamente das cidades para o campo. O novo posicionamento pode ser atribuído ao fato de que os projetos de lei com a sobretaxação aos proprietários e o envio dos escravos para a lavoura, além de muito controversos, não obtiveram muita adesão. O expediente que o jurista alagoano encontrou para contornar a situação foi o de transferir para as províncias os impostos e taxas nos casos das contravenções em relação ao tráfico, por um lado. E, por outro, estimular a ida dos imigrantes para as lavouras, em vez de para as cidades, mas em uma condição em tudo diferenciada da do escravo. De acordo com suas palavras,

> Não aconselhamos o imposto progressivo sobre os escravos urbanos, que aliás outrora nos parecera útil. Expelir os escravos das cidades para o campo, ou, como se exprimiam decretos relativos a Cuba, transformar a suavíssima escravidão doméstica em escravidão rural, é, por si só, uma iniquidade: não roubemos ao escravo urbano, o único favor que a ingrata fortuna lhe depara, o de nascer nas cidades. Por outro lado, fornecendo novos braços servis à lavoura, facilitando-lhes a aquisição dos *fôlegos vivos*, que repelem o arado e as máquinas, não iríamos perpetuar a sua degradação, agravar a sua decadência, aumentar os seus embaraços presentes como o jogo aleatório da compra de cativos, origem de tanta ruína? Acometamos a escravidão nas cidades, não expelindo-a para o campo, mas abolindo-as diretamente nos grandes portos comerciais e nas cidades populosas, onde o trabalho livre se ache generalizado e ao alcance do toda a gente. (BASTOS, 1975a, p. 169, grifos do autor)

O que podemos depreender acerca das assertivas do autor é que ele defende, a partir de então, a implantação de colônias, por meio da distribuição de terras e total apoio do governo, no que diz respeito às necessidades dos imigrantes, para que eles se tornem efetivamente produtivos. Tal encaminhamento, ainda que tenha sido um desdobramento de uma proposição política inadequada, sempre tendo em vista o melhoramento da economia, acaba por se sustentar, como vimos na citação anterior em causas de cunho humanitário. De qualquer forma, segundo ele, um escravo mal satisfeito com essa situação não seria mesmo de muita utilidade na lavoura. Nem mesmo um imigrante em situação análoga à do escravo.

CONSIDERAÇÕES FINAIS

Por meio deste estudo intentamos compreender quais as concepções que orientavam as ações políticas de Tavares Bastos, no que se refere à escravidão no Brasil Império. Tomamos como fonte de estudo três de suas principais obras, apreendendo-as também na interseção com o contexto de sua produção. Os textos produzidos pelo jurista alagoano foram confrontados com os de alguns de seus principais biógrafos e prefaciadores, tencionando, inicialmente, dois aspectos: a radicalidade no processo de abolição da escravidão e o cunho humanista e moralizante presente nos textos de um e outros.

O percurso investigativo sinalizou que a questão da escravidão é seminal no pensamento de Tavares Bastos, mas que não pode ser desassociada da imigração. E que, enquanto os biógrafos e prefaciadores investem nos aspectos humanitário e moralizante presentes nos discursos do político, publicados nos livros em tela, os textos escritos pelo próprio autor revelam, predominantemente, argumentos de cunho econômico, político e ideológico, sem que as questões humanitárias sejam também esquecidas. Entretanto, utiliza um e outro tom, não de forma aleatória ou ingênua. Bem ao contrário, focando em seu objetivo, o discurso lança mão do tom mais apropriado em cada momento.

Na última obra analisada, em que observamos uma maior maturidade e substância nos argumentos adotados para a defesa das mesmas questões, identificamos um deslocamento dos argumentos recorrentemente adotados até então, demonstrando que o político mantinha o diálogo com o contexto político da época, mesmo já estando doente e tentando o reestabelecimento da saúde, o que não lograria acontecer.

Como uma última consideração, ao tratar do pensamento abolicionista de Tavares Bastos de forma mais ou menos isolada, como o fizemos neste estudo, não estamos considerando que as suas assertivas sobre as questões políticas em geral, e as referentes à escravidão, em particular, se deram de forma isolada de outras vozes, sintonizadas ou não com sua forma de pensar.

Desde a Independência, ou mesmo antes dela, havia no Brasil muitos intelectuais e políticos que faziam da abolição sua causa principal. Tal é o caso, por exemplo, de Conselheiro Antonio Pereira Rebouças, que já nos anos de 1830 manifestava-se formalmente a favor "[...] de um projeto completo de superação, ainda que gradual, da escravidão — com respeito ao direito da propriedade — que previa a inclusão imediata dos libertos na cidadania brasileira, garantindo até o gozo de direitos políticos na medida de seus talentos e virtudes" (MATTOS, 2009, p. 377).

Da mesma forma, além das vozes contemporâneas às de Tavares Bastos, a geração seguinte de intelectuais e políticos brasileiros, sobretudo os mais progressistas, liberais e positivistas, tais como Rui Barbosa (1849-1923), Miguel Lemos (1854-1917), Aníbal Falcão (1859-1900), entre outros, investiria pesadamente no conhecimento acerca da natureza da escravidão, como forma de combatê-la, cujo argumento principal, segundo Ângela Alonso (2009), recairia sobre uma questão de cunho moral, porque "[...] a escravidão não permitia distinguir entre o produtor e o produto do trabalho, degradando o primeiro, o escravo, mas também ao seu beneficiário, o senhor. Outro agravante: como poderia uma sociedade se apropriar do produto do trabalho daqueles que não são parte legítima dela? Apenas imoralmente" (p. 211).

No entanto, o que diferenciava a inserção política e intelectual de Tavares Bastos estava na forma com que ele se manifestava, a qual, de certo modo, inaugura uma maneira diferente de enfrentamento e estratégica de ação política, principalmente por meio dos programas que propunha. Segundo José Murilo de Carvalho (2009), as formas dos políticos mais progressistas e liberais são tributárias do pensamento de Tavares Bastos. De acordo com suas palavras, as estratégias daí se originaram porque

> [...] incluíam ainda uma novidade autenticamente liberal, incomum nos programas da época: a promoção da iniciativa individual, o fortalecimento do espírito de associação, com a consequente restrição da interferência do Estado. O ponto decorria, sem dúvida, da influência das ideias de Tavares Bastos, que as vinha pregando desde "Os males do presente e as esperanças do futuro", de 1861, e "Cartas do Solitário", do ano seguinte. Admirador incondicional dos Estados Unidos e leitor de Tocqueville, o jovem alagoano já se firmava como o mais coerente defensor do liberalismo econômico, em aberto confronto como as tradições estatistas e ibéricas do país. (CARVALHO, 2009, p. 37)

REFERÊNCIAS

ALONSO, Angela. *Idéias em movimento*: a geração de 1870 na crise do Brasil-Império. São Paulo: Paz e Terra, 2002.

BASTOS, Aureliano Cândido de Tavares. *A província*. 3. ed. São Paulo: Companhia Ed. Nacional, 1975a.

BASTOS, Aureliano Cândido de Tavares. *Cartas do solitário*. 4. ed. São Paulo: Companhia Ed. Nacional, 1975b.

BASTOS, Aureliano Cândido de Tavares. *O Valle do Amazonas*: a livre navegação do Amazonas, estatística, produções, commercio, questões fiscais do Valle do Amazonas. 2. ed. São Paulo: Companhia Ed. Nacional, 1937.

BASTOS, Aureliano Cândido de Tavares. *Os males do presente e as esperanças do futuro*. 2. ed. São Paulo: Companhia Ed. Nacional: São Paulo, 1976.

CAMPOS, Adriana Pereira. *Ad benedictionem*: casamento de escravos no Brasil. *In*: CARVALHO, José Murilo de; NEVES, Lúcia Maria Bastos Pereira das. *Repensando o Brasil do Oitocentos*: cidadania, política e liberdade. Rio de Janeiro: Civilização Brasileira, 2009.

CARVALHO, José Murilo de; NEVES, Lúcia Maria Bastos Pereira das. *Repensando o Brasil do Oitocentos*: cidadania, política e liberdade. Rio de Janeiro: Civilização Brasileira, 2009.

GONDRA, José. *Artes de civilizar*: medicina, higiene e instrução escolar na corte imperial. Rio de Janeiro: EdUERJ, 2004.

HAMDAN, Juliana Cesário. Tavares Bastos e a educação no império: as palavras e os conceitos. *In*: VALLE, Ione Ribeiro; HAMDAN, Juliana Cesário; DAROS, Maria das Dores (Org.). *Moderno, modernidade, modernização*: a educação nos projetos de Brasil – séculos XIX e XX. Belo Horizonte: Mazza Edições, 2014. v. 2.

KOSELLECK, Reinhart. *Futuro passado*: contribuição à semântica dos tempos históricos. Rio de Janeiro: Contexto, 2006.

MATTOS, Hebe. Racialização e cidadania no Império do Brasil. *In*: CARVALHO, José Murilo de; NEVES, Lúcia Maria Bastos Pereira das. *Repensando o Brasil do Oitocentos*: cidadania, política e liberdade. Rio de Janeiro: Civilização Brasileira, 2009.

PONTES, Carlos. *Tavares Bastos* (Aureliano Cândido): 1839-1875. 2. ed. São Paulo: Companhia Ed. Nacional: São Paulo, 1975.

SANDES, Noé Freire. O jornalista Costa Rego e o tempo revolucionário (1930). *Revista Brasileira de História*, São Paulo, v. 28, n. 55, p. 41-62, 2008.

SOUZA, Josefa Eliana. *Uma compreensão a partir de referente norte-americano do "Programa de Instrução Pública" de Aureliano Cândido Tavares Bastos (1861-1873).* Tese (Doutorado em Instrução) –Pontifícia Universidade Católica de São Paulo, São Paulo, 2006.

TOLENTINO, Thiago Lenine Tito. Identidade e memória em disputa: comemorar Tavares Bastos em tempos de Estado Novo brasileiro. *Anais do XXVI Simpósio Nacional de História* - ANPUH, São Paulo, jul. 2011.

Presenças e ausências de referências sobre escravismo e educação nas teses e dissertações da Academia de Direito de São Paulo (1830-1880)

Ilka Miglio de Mesquita

EXPONDO O CONTEXTO, ANUNCIANDO O ESTUDO

Uma nova geração de bacharéis em Direito se compôs a partir de 1827, com a organização e inauguração das Academias de Ciências Sociais e Jurídicas de São Paulo e Olinda/Recife. No período pós-independência evidenciam-se discussões parlamentares na Assembleia Constituinte (1823) e na Assembleia Geral (1826) sobre a necessidade de organização de cursos de Direito no Brasil, como projeto fundamental para a manutenção da estrutura administrativa, jurídica e política do então recente Estado-Nação. O objetivo desse plano político era de que as instituições de Direito trabalhassem pela formação de um corpo jurídico, técnico-administrativo e intelectual de estadistas que preparasse o terreno da consolidação "não apenas da Independência política mas sobretudo da manutenção da unidade nacional" (SILVA, 2009, p. 184). As discussões para a implantação dos cursos jurídicos podem revelar a necessidade de construção de um sistema jurídico nacional que compusesse a diplomacia, a burocracia e a legislação essencialmente brasileiras, no sentido de substituir a herança portuguesa das Ordenações Filipinas,[24] que sistematizou parte do direito

[24] "Instituídas por Felipe II de Espanha, à época da união dos países ibéricos, as Ordenações podem ser consideradas fiéis herdeiras da Segunda Escolástica, renovações das teses aquinianas na Espanha e Portugal como às reações à Reforma Protestante" (SILVA, 2009, p. 140).

brasileiro até início do século XX, principalmente no que diz respeito ao amálgama de concepções religiosas e seculares (SILVA, 2009).

Romper com a formação jurídica portuguesa poderia significar, naquele momento, produzir uma própria, com identidade nacional, ou seja, construir a cultura jurídica brasileira. Os debates tomaram importância e foram discursos fundamentais para o que se pode pensar em Direito no Império. Baseando-se na teoria de Aurélio Wander Bastos (1977), em relação à criação dos cursos jurídicos no Brasil, Carlos Guilherme Mota (2006) afirma que foi uma história de conciliações entre as elites imperiais e civis, sendo que "a questão cruciante daquele momento era formar elites para manter em funcionamento o Estado herdado e implantar o novo Estado, e não propriamente para articular e mobilizar a sociedade civil" (MOTA, 2006, p. 135).

No contexto de organização do currículo dos cursos jurídicos, uma pergunta não se calava entre os parlamentares: o que estudar de Direito para a formação do jurista-político? Por essa questão é evidente o lugar de proeminência que a educação teve. "Apresentou-se desde logo a questão de se saber qual a educação mais adequada para a reformulação do arcabouço legislativo do Novo Estado-Nação. O que ensinar às novas gerações? Dentro de qual legislação?" (MOTA, 2006, p. 136-137). Seria possível ensinar uma legislação brasileira? Dentre as falas dos deputados registradas, a partir do estudo de Aurélio Wander Bastos (1977), em relação à formação dos currículos jurídicos do Brasil, lê-se: "ensinar o que não existe" (Deputado Almeida de Albuquerque); "a Legislação Portuguesa está adotada provisoriamente como prática, e nos regerá enquanto não tivermos um código" (Deputado Lino Coutinho); "A história do Direito Brasileiro é a mesma que a História do Direito Português. É um Direito adotivo" (Deputado Sousa França); "O nosso direito é todo constitucional [...], é esse o direito que nos há de salvar das máximas do mundo velho" (Deputado Custódio Dias); (BASTOS, 1977, p. 43-55).

A preocupação com a formação foi vislumbrada pelos deputados diferindo, por vezes, em algumas posições, pois tratava-se de buscar a modernização do sistema jurídico e político brasileiro, muito embora dependesse de orientações teóricas de outras ciências estrangeiras e ainda da herança de códigos portugueses. Se, por um lado, as discussões demonstraram a necessidade de afastamento e independência em relação às orientações portuguesas de formação jurídica, por outro, essa ruptura não ficou evidente na orientação jurídico-pedagógica de organização do currículo de formação em Direito. A reforma impetrada por Pombal na Universidade de

Coimbra no século XVIII, no sentido de organização de princípios filosófico-liberais que não se sobrepusessem à estruturação do Estado despótico português, tornou-se base intelectual e estadista dos brasileiros, oriundos dessa instituição, organizadores e implementadores dos novos Cursos de Direito no Brasil. Essa formação jurídico-pedagógica projetada pelos intelectuais-estadistas constituíra "o elo que permite pensar a formação da cultura política e jurídica nacional dentro de um processo de cumplicidade ou de continuidade/ruptura com a tradição lusa" (SILVA, 2009, p. 168). Ressalta-se, contudo, que

> Não se tratava de uma elite diletante ou desconhecedora da conjuntura histórica. Ao contrário, os legisladores de 1823-27 reconheciam a importância das Faculdades de Direito como "instituições capazes de colaborar vitalmente na implantação do projeto que tinham para o Estado nacional". (MOTA, 2006, p. 143)

Trata-se de instrumental político projetado e forjado pelos dirigentes, transcorrendo traços do iluminismo pombalino. Ainda que tenha sido desejo latente de rompimento com a tradição ou colonização portuguesa, optou-se em continuar com o sistema monárquico, a sociedade escravista e com a "própria cultura jurídica portuguesa que embasou os códigos brasileiros subsequentes à independência" (SILVA, 2009, p. 168). Nesse sentido, era prioridade evidente a concretização das Faculdades de Direito de Olinda e São Paulo "como instrumentos estimuladores da reprodução ideológica do Governo Imperial", que pudessem garantir "a segurança do público e do regime". Eis o tipo de profissional especializado de que o Estado necessitaria: "os bacharéis, advogados e juristas" (MOTA, 2006, p. 143-145).

Perpassa, até a década de 1870, a formação da cultura jurídica projetada para não colocar em risco os princípios da Monarquia Constitucional, ou seja, da ordem estamental-escravista. A tradição jurídica herdada foi trabalhada e burilada ao longo do século XIX, adaptando-se às "particularidades e contradições vividas pelo jovem Estado, de modo a dar contornos não arbitrários e bastante típicos ao direito" (FONSECA, 2008, p. 265). As ideias liberais provindas das revoluções europeias foram recepcionadas não no sentido de acabar com a ordem vigente, mas com a proposta de assentar, no âmbito jurídico, legislações que poderiam ser enquadradas como modernizadoras, tais como: o código criminal (1830); a lei de terras (1850); a lei hipotecária (1864). Para Ricardo Marcelo Fonseca (2008),

> [...] parece perceptível como nossos traços de cultura jurídica vão se formar justamente neste processo de tensão, num processo em que a leitura e a experiência do direito ocorrerão considerando as vicissitudes históricas do Brasil que está se constituindo, tendo como resultado características bastante próprias que, afinal, vão em grande parte definir a nossa identidade. (FONSECA, 2008, p. 266)

Sobretudo, questões jurídicas ou filosóficas de cunho social, como a percepção de ideias de nacionalidade e da cultura, foram essenciais para a formação da *intelligenstia* brasileira. De acordo com os estudos de Mozart Linhares Silva (2009), o espírito civilizatório que sustentava a utopia nacionalizadora deparava-se com "as dificuldades iniciais da estruturação 'estatista' do Brasil: lidar a um só tempo, com um passado de que éramos tributários e um novo tempo que deveríamos projetar" (SILVA, 2009, p. 168-69). Cabe perguntar: qual formação se adequaria ao propósito de formar juristas-políticos capazes de organizar uma cultura jurídica brasileira, ou seja, formar homens de Estado como responsáveis pela manutenção e sustento da res pública? O período de discussões sobre os cursos jurídicos foi um momento fulcral, pois os parlamentares se defrontaram com uma tradição que subsidiava seus espíritos e *impetus* de conceber um espírito próprio e original, o que os fez entrecruzar tradição e modernidade no projeto de definição da nova geração de estadistas.

Foi a partir desse entrecruzamento que se demarcou qual currículo os estudantes de São Paulo e Olinda cumpririam para adquirir o título de bacharel em Direito, cursos esses regulados pela Lei de 11 de agosto de 1827 e pelos Estatutos do Visconde de Cachoeira.

Embora Cachoeira tenha tecido a crítica aos Estatutos Pombalinos no que se refere ao direito romano, considerado excessivo em Coimbra pelas questões do direito internacional e diplomacia, houve aproximações evidentes em termos curriculares e filosóficos. De acordo com Silva com (2009), "o jusnaturalismo moderno, institucionalizado por Pombal em Coimbra, constituía a base do direito coevo. Nesse sentido, a disciplina de Direito Natural abria também os cursos brasileiros" (SILVA, 2009, p. 197). Pela orientação jurídico-pedagógica, estabelecida nos Estatutos do Visconde da Cachoeira, os estudantes deveriam iniciar o curso pelo estudo do Direito Natural, como base para a construção do Direito Pátrio, seguido de Direito Público, Análise da Constituição do Império, Direito das Gentes e Diplomacia (BRASIL, 1977, p. 581). Pelo plano de estudos dos Estatutos, pode-se ler:

> Como o Direito Natural, *ou da Razão*, é a fonte de todo o Direito, porque na razão apurada, e preparada por boa e luminosa lógica, se vão achar os princípios gerais e universais para regularem todos os direitos, deveres, e convenções do homem, é *este estudo primordial o em que mais devem de ser instruídos* os que se destinam ao estudo da Jurisprudência. (BRASIL, 1977, p. 597, grifos nossos)

Sendo este estudo primordial, houve também a preocupação em afirmar um jusnaturalismo moderno em detrimento do escolástico, embora tenha vigorado por longos anos o escolástico ou teológico na Academia de São Paulo. Durante o período em que a matéria de Direito Natural fora lecionada por José Maria de Avelar Brotero, do início do curso até 1872, foi adotada a compilação do compêndio *Princípios do Direito Natural*, mesmo tendo sido a obra repelida nos debates parlamentares. Essa obra, conforme Ricardo Marcelo Fonseca (2008) em "Vias da Modernização Jurídica Brasileira", trazia fundamentos cristãos, "natureza naturante" ou "natureza do universo", como princípios de "verdadeira" fonte filosófica do Direito Natural. O Direito Natural, sob orientação de Brotero, serviu-se da "indigesta mistura de autores 'contemporâneos' e racionalistas com autores antigos ligados a um jusnaturalismo teológico", prevalecendo esta última concepção (FONSECA, 2008, p. 272).

Nos Estatutos de Cachoeira conferem-se recomendações de compilações de autores como Grócio, Pufendorfio, Wôlfio e Tomásio e a adoção do Compêndio de Direito Natural de Fortuna, amparado pelos princípios "luminosos" de Heinécio, Felice, Burlamáqui, Wolfio e Cardoso (BRASIL, 1977, p. 598), indicando ainda Beccaria, Filangieri, Bentham e Brissot, autores que traziam a mentalidade jurídico-filosófica que norteou a reforma Pombalina em Coimbra, ou seja, o embasamento do iluminismo português. Assim sendo, diante das posições dos autores estudados neste texto, reafirmamos que a formação do pensamento jurídico do bacharel em Direito de São Paulo, até a chamada geração de 1870, se deu a partir do jusnaturalismo moderno, racionalista, amalgamado pelas concepções teológicas ou escolásticas de direito natural. Um direito eclético que orientou o pensamento jurídico e delineou as concepções de Estado, ou seja, a chamada "modernidade" brasileira, a qual foi enunciada pela independência, sendo adotada "a partir de um filtro bastante forte das concepções pré-revolucionárias e pré-liberais [...]" (FONSECA, 2008, p. 274).

Diante da exposição contextual de organização dos Cursos Jurídicos, procurando reconstituir a configuração e orientação de que a Academia de São Paulo serviu-se para a formação dos seus bacharéis, o presente estudo busca compreender presenças e ausências de referências sobre escravismo e educação nas teses e dissertações de doutoramento em Ciências Jurídicas e Sociais, entre os anos de 1830 e 1880. É importante ter em mente que a percepção desse tempo histórico está em consonância tanto com a formação e consolidação da estrutura-administrativa jurídica e política do Brasil Império (1830-1859), quanto com a crise e esboroamento (1860-1889), para, assim, perceber mudanças e permanências presentes nas composições acadêmicas, teses/dissertações de doutoramento. É possível apreender, pelo tempo histórico previsto, exposições de ideias trazidas pelas mudanças sociais, políticas e jurídicas? Dessa perspectiva, como se configuram referências de educação e escravismo nas teses e dissertações produzidas pelos bacharéis para aquisição do grau de doutor em Ciências Jurídicas e Sociais?

A MATERIALIDADE DAS FONTES E O RITO DE PASSAGEM DE DEFESA DAS TESES EM CIÊNCIAS JURÍDICAS E SOCIAIS

O encontro com as teses/dissertações de Ciências Jurídicas e Sociais da Academia de Direito de São Paulo, século XIX, se deu pela busca de respostas para a pesquisa com que nos envolvemos a partir do estágio pós-doutoral, tendo como referências indagações que envolvem educação e escravismo nessas produções acadêmicas. Esse tema ainda é pouco problematizado pela historiografia da educação brasileira, revelando demanda a ser enfrentada pelas pesquisas em História da Educação, pois possibilita compreender questões que envolvem escravidão e educação no Brasil oitocentista.

> Quando o historiador mergulha no passado, ultrapassando suas próprias vivências e recordações, conduzido por perguntas, mas também por desejos, esperanças e inquietudes, ele se confronta [...] com os vestígios, que se conservam até hoje, e que em maior ou menor número chegaram até nós. (KOSELLECK, 2006, p. 305)

Este espírito de investigação pode revelar o envolvimento que ainda detemos para pensar o objeto de estudo sobre as teses/dissertações produzidas e defendidas pelos bacharéis em Direito da Academia de São Paulo, entre as décadas de 1830 e

1880, tendo em vista a construção do pensamento social, político e jurídico. Ao ultrapassar nossas vivências e recordações, deparamo-nos com vestígios que temos transformado em fontes pelas perguntas que foram elaboradas anteriormente e muito mais pelas que formulamos, à medida que procuramos compreender esse passado, tendo como referências conceitos oriundos dos estudos contínuos do *Projeto Moderno, Modernidade e Modernização: a educação nos projetos de Brasil — séc. XIX e XX*. Assim, percorremos caminhos e adentramos nas Ciências Jurídicas e Sociais com as "lições há muito aprendidas, tão simples quanto fundamentais: a de que não podemos modificar o passado mas podemos modificar o conhecimento que dele possuímos a partir de interrogações diversas" (MATTOS, 1990, p. 3).

Antes mesmo de se ter acesso a fontes, é preciso pensar onde essas poderiam ser encontradas. Chegar às arcadas, da Faculdade de Direito da Universidade de São Paulo (USP), localizada no Largo São Francisco, significou, por vezes, enfrentar tanto a magnitude do imponente prédio, quanto os caminhos para encontrar os vestígios. Qualquer pesquisador que adentre nas arcadas com esse objetivo precisa previamente enviar um *e-mail*, e ir pronto para falar com responsáveis e preencher vários formulários. Tais cuidados são necessários, diante das condições das fontes, estas seladas em um grande arquivo restrito, maior até que a própria sala da biblioteca, onde são conservados desde livros raros a jornais acadêmicos. Dessa forma, encontramos parte das teses e dissertações em bom estado para sua idade. O amarelado, a fragilidade do material e as folhas soltas estavam presentes nos encadernados, mas as letras e gravuras mantinham-se nítidas, permitindo o trabalho de leitura e digitalização. Em várias delas, era possível perceber a sobreposição de papéis e capas, resultados de constantes trabalhos de restauração ao longo dos anos. Porém, as teses e dissertações foram encadernadas juntas de forma desordenada, ignorando ordem de autor ou ano, o que rendeu trabalho e atenção extra na busca pelas fontes históricas de que precisávamos. Foram encontradas e digitalizadas 50 teses e 30 dissertações, num total de 109 teses defendidas ao longo de quase 56 anos.

No entanto, foi possível colocar em evidência a materialidade de parte das fontes e destacar fragmentos de memórias das defesas, pela leitura de cinco volumes de *A Academia de São Paulo: tradições e reminiscências*, de José Luís de Almeida Nogueira (1977). Cada vestígio, materializado e transformado em documento, traz a possibilidade de entrecruzamentos pelo estabelecimento de diálogos com um passado que é múltiplo, podendo ser visto de vários ângulos, porque é composto de sujeitos, tempos e espaços. As fontes aqui colhidas podem falar de um passado, são textos evidenciados num contexto, substanciados, expostos na essência de discursos, tendo a própria existência o desfecho para fazer dessa tessitura narrativa um ato, uma intenção de procurar compreender as ausências e presenças de educação e escravismo nas teses e dissertações dos doutores em Direito do século XIX.

Como diz Chartier (2002, p. 63), "a historicidade de um texto deriva das condições em que um documento se inscreve em sua própria materialidade". Assim sendo, apresentamos imagens de primeira página das teses para adquirir o grau de doutor em Ciências Jurídicas e Sociais:

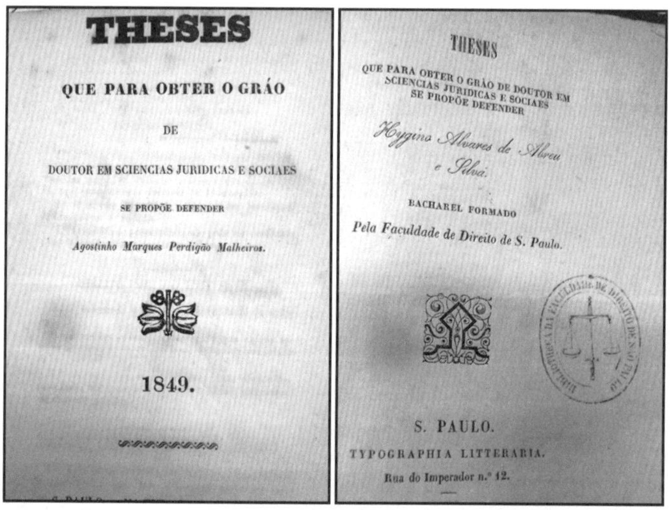

THESES
QUE PARA OBTER O GRÁO
DE
DOUTOR EM SCIENCIAS JURIDICAS E SOCIAES
SE PROPÕE DEFENDER
Agostinho Marques Perdigão Malheiros.
1849.

THESES
QUE PARA OBTER O GRÃO DE DOUTOR EM SCIENCIAS JURIDICAS E SOCIAES SE PROPÕE DEFENDER
BACHAREL FORMADO
Pela Faculdade de Direito de S. Paulo.
S. PAULO.
TYPOGRAPHIA LITTERARIA.
Rua do Imperador n.º 12.

Fonte: Capa das teses de Agostinho Marques Perdigão Malheiros (1849); Capa das teses de Hygino Alvares de Abreu e Silva (1858).

As teses e dissertações, ao longo do século XIX, apresentam 20cm de altura por 10cm de largura. A composição vem centralizada em todas as capas para evocar simetria e estabilidade, tendo como elementos comuns: o nome "Theses" e às vezes "Theses e Dissertação"; o objetivo "que para obter o gráo de doutor em sciencias jurídicas e sociaes"; o nome do autor; o nome da Academia ou Faculdade; o local "S. Paulo"; o nome da tipografia onde foi impressa e o ano de publicação, trazendo às vezes o endereço. Apresentam figuras ilustrativas e as tipografias (letras) usadas são mais variadas, trazendo, às vezes, cinco fontes diferentes, vazadas e com sombra, e em uma ou outra percebe-se a presença da deusa da justiça. Em destaque, pode-se notar na capa de teses de Agostinho Marques Perdigão Malheiros uma quantidade pequena de fontes diferentes, merecendo destaque o nome "Theses", que é escrito em um tipo mais grosso, e o nome do autor apresentado como o único elemento escrito em letra cursiva na capa, podendo-se perceber o mesmo na de Hygino Alvares de Abreu e Silva. Estão presentes um emblema e uma barra decorativa.

Para tratar das fontes, não se pode esquecer o que foi referenciado pelo historiador Roger Chartier em seus vários estudos sobre a materialidade, ou seja, os dispositivos que materializam um escrito garantem a significação que não pode ser dissociada das modalidades materiais que o dão a ler a seus leitores. Esse historiador francês nos chama a atenção para as formas e suportes que dão vida e existência ao escrito. Isto é, convida-nos a estarmos atentos para os dispositivos que dão materialidade ao documento. Nas palavras de Chartier, isso significa dizer

> [...] que não há sentido em uma obra fora das formas variáveis que a propõem à interpretação. Assim como as significações de textos fixados em suas palavras podem ser radicalmente modificadas pelas diversas apresentações tipográficas que são produzidas sucessivamente, mudando formato e disposição na página, ilustração e recorte (CHARTIER, 2003, p. 85-86)

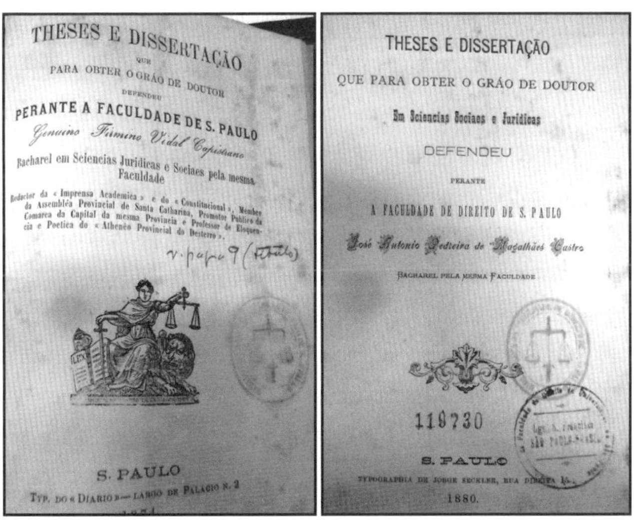

Fonte: Capa das Teses e Dissertação de Genuino Firmino Vidal Capistrano (1874); Capa das Teses e Dissertação de João Antonio Pedreira de Magalhães Castro (1880).

Ao estarmos atentos às formas e suportes que dão existência aos vestígios que chegaram até nós, ou seja, à materialidade, buscamos apresentar alguns destaques tipográficos presentes nas fontes a serem inqueridas. Assim, a partir da década de 1850, o ano deixa de receber destaque na composição. Todas as teses possuem ao menos uma decoração, sendo a mais popular um quadrado com temática geométrica circular. A maioria possui parte dos elementos em caixa alta, por vezes todos, quando a cursiva aparece é utilizada no nome do bacharel ou no título que este pretende receber. Aparecem as primeiras, embora poucas, tipografias sem serifa, em geral aplicadas ao nome "Theses". Na década de 1860 passa a ser frequente o uso de várias tipografias de estilos diferentes em uma única capa. A tipografia sem serifa começa a aparecer mais, agora não apenas no nome "Theses", mas também no elemento do subtítulo "Para obter o gráo de doutor". A palavra "gráo" começa a variar, surgindo em algumas teses escrita como "grau". Nessa década inicia-se também o retorno à tipografia gótica, em geral usada apenas no nome do autor. As decorações, em sua maioria, são menores que as da década anterior a 1860, com grandes variações em nível de detalhamento. Alternando a essas decorações pequenas, passa a ser popular em quase metade das teses o uso de ilustrações grandes como figuras da deusa da justiça, da balança e de pergaminhos, símbolos característicos do Direito.

Por sua vez, na década de 1870, a escolha de tipografias mostra-se mais limpa e com menos diversidade que nas décadas anteriores. Em algumas surge um novo elemento, a profissão ou cargo que o bacharel exercia (ou simplesmente o título de bacharel em Direito). O nome do autor geralmente é escrito em cursiva ou gótica, e em alguns casos o nome da Faculdade de Direito de São Paulo aparece acima do nome "Theses". Aparece a primeira capa com borda decorativa e as tipografias vazadas e com sombra param de ser usadas. Torna-se mais comum o uso de ilustrações, em grande maioria da deusa da justiça, que divisórias decorativas. Já nas teses da década de 1880, mantém-se a tendência de capas mais limpas, seguindo, por vezes, o mesmo estilo da década anterior, com um menor uso de ilustrações e a volta de pequenas barras e emblemas decorativos. Voltam também a ser usadas algumas tipografias mais decoradas, embora apareçam apenas no título "Theses" ou apenas no nome do autor. No caso do nome do autor, apenas as iniciais são decoradas.

Enfim, o sentido dos textos "depende das formas que o oferecem à leitura, dos dispositivos próprios da materialidade do escrito" (CHARTIER, 2010, p. 8). Para o estudo das teses e dissertações tornou-se essencial verificar a materialidade dos textos, que podem nos falar sobre o passado no qual estão inseridos. Assim, "é preciso lembrar que não há texto fora do suporte que lhe permite ser lido (ou ouvido) e que não há compreensão de um escrito, qualquer que seja, que não dependa das formas pelas quais atinge o leitor" (CHARTIER, 1991, p. 182). Contudo, as reflexões acerca da materialidade das teses e dissertações nos convidam a pensar nesses textos/documentos que se inscrevem pelas estratégias de escritas e intenções do autor. Cabe então perguntar: Por que teses e não tese? O que trazem esses textos? Que leitura(s) nos oferecem?

Por assim perguntar, é preciso ater-se ao que confere o rito de passagem para a aquisição do título de doutor em Ciências Jurídicas e Sociais. Entre os estudantes do quinto ano, após receberem o grau de bacharel, se fosse de merecimento e depois de competente formatura, apresentariam suas teses para a Congregação no intuito de serem aprovadas por todos os Professores da Faculdade, para serem defendidas e agraciadas pelo grau de doutor. Nos Estatutos do Visconde de Cachoeira, que passaram a regular os Cursos de Ciências Jurídicas e Sociais, a defesa de teses, e consequentemente, a titulação de doutor pode ser conferida no "Capítulo XIII, Do grau de Doutor":

> 1º. Se algum estudante jurista quiser tomar o grau de Doutor, depois de feita a *competente formatura*, e tendo merecido a *aprovação nemine discrepante*, circunstância esta essencial, defenderá publicamente várias teses escolhidas entre as matérias que aprendeu no Curso Jurídico, as quais serão primeiro apresentadas em Congregação, e deverão ser aprovadas por todos os Professores. O Diretor e os Lentes em geral assistirão a este ato, e argumentarão em qualquer das teses que escolherem. Depois disto, assentando a Faculdade, pelo juízo que fizer do ato, que o estudante merece a graduação de Doutor, lhe será conferida sem mais outro exame, pelo Lente que se reputar o primeiro, lavrando-se disto o competente termo em livro separado, e se passará a respectiva carta.
> 2º. As cartas, tanto dos Doutores como dos Bacharéis formados, serão passadas em nome do Diretor, e por ele assinadas, e levarão um selo próprio, que lhe será posto por ordem do Professor, que houver dado o grau. (BRASIL, 1977, p. 618, grifos nossos)

Os pontos para a formulação das teses eram escolhidos entre as doutrinas (matérias) de todas as cadeiras do curso, ou seja, as disciplinas que compunham o currículo. Para cada matéria, o doutorando deveria organizar três proposições de teses, que consistiam em premissas a serem defendidas. Assim, compreende-se que não se tratava de apenas uma tese a ser desenvolvida e defendida, mas teses, ou seja, proposições intelectuais organizadas conforme as disciplinas e doutrinas estudadas no curso de Direito. Na dissertação podemos dizer que poderia ser o momento da sistematização do conhecimento de determinada proposição, a qual seguia o critério de sorteio entre os pontos tirados de véspera para que o aluno compusesse e defendesse o tema sorteado. Nas imagens a seguir, é possível visualizar como se dava o desenvolvimento de teses e de dissertação:

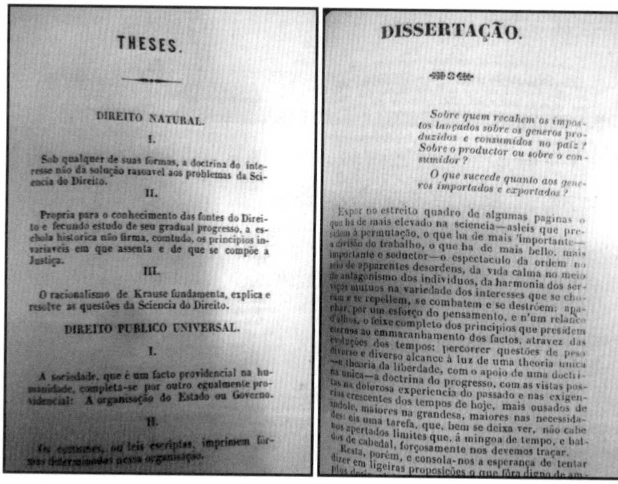

THESES.

DIREITO NATURAL.

I.

Sob qualquer de suas formas, a doctrina do interesse não dá solução rasoavel aos problemas da Sciencia do Direito.

II.

Propria para o conhecimento das fontes do Direito e fecundo estudo de seu gradual progresso, a eschola historica não firma, comtudo, os principios invariaveis em que assenta e de que se compõe a Justiça.

III.

O racionalismo de Krause fundamenta, explica e resolve as questões da Sciencia do Direito.

DIREITO PUBLICO UNIVERSAL.

I.

A sociedade, que é um facto providencial na humanidade, completa-se por outro egualmente providencial: A organisação do Estado ou Governo.

II.

Os costumes, ou leis escriptas, imprimem formas determinadas nessa organisação.

DISSERTAÇÃO.

Sobre quem recahem os impostos lançados sobre os generos produzidos e consumidos no paiz? Sobre o productor ou sobre o consumidor?

O que succede quanto aos generos importados e exportados?

Expor no estreito quadro de algumas paginas o que ha de mais elevado na sciencia—as leis que presidem á permutação, o que ha de mais importante—a divisão do trabalho, o que ha de mais bello, mais importante e seductor—o espectaculo da ordem no meio de apparentes desordens, da vida calma no meio do antagonismo dos individuos, da harmonia dos serviços mutuos na variedade dos interesses que se chocam e se repellem, se combatem e se destróem; apanhar, por um esforço do pensamento, e n'um relance d'olhos, o feixe completo dos principios que presidem eternos ao emmaranhamento dos factos, atravez das evoluções dos tempos; percorrer questões de peso diverso e diverso alcance á luz de uma theoria unica —a theoria da liberdade, com o apoio de uma doctrina unica—a doctrina do progresso, com as vistas postas na dolorosa experiencia do passado e nas exigencias crescentes dos tempos de hoje, mais ousados de indole, maiores na grandesa, maiores nas necessidades: eis uma tarefa, que, bem se deixa ver, não cabe nos apertados limites que, á mingoa de tempo, e baldos de cabedal, forçosamente nos devemos traçar.

Resta, porém, e consola-nos a esperança de tentar dizer em ligeiras proposições o que fôra digno de am-

Fonte: Teses de Aureliano C. T. Bastos – 1859.

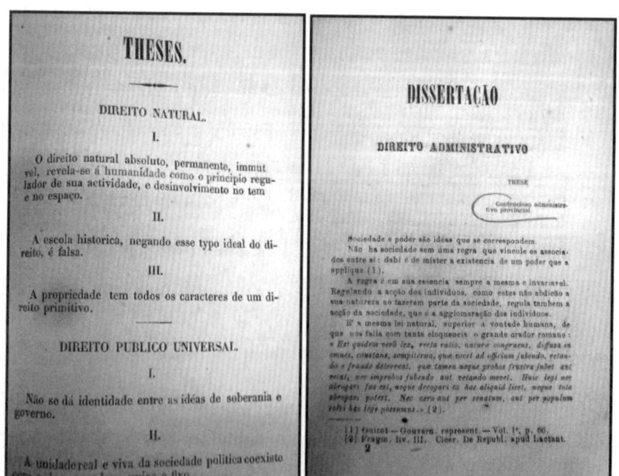

THESES.

DIREITO NATURAL.

I.

O direito natural absoluto, permanente, immutavel, revela-se á humanidade como o principio regulador de sua actividade, e desinvolvimento no tempo e no espaço.

II.

A escola historica, negando esse typo ideal do direito, é falsa.

III.

A propriedade tem todos os caracteres de um direito primitivo.

DIREITO PUBLICO UNIVERSAL.

I.

Não se dá identidade entre as idéas de soberania e governo.

II.

A unidade real e viva da sociedade politica coexiste com a de um poder—unico e fixo.

DISSERTAÇÃO

DIREITO ADMINISTRATIVO

THESE

Contencioso administrativo provincial.

Sociedade e poder são idéas que se correspondem.

Não ha sociedade sem uma regra que vincule os associados entre si: dahi é de mister a existencia de um poder que a applique (1).

A regra é em sua essencia sempre a mesma e invariavel. Regulando a acção dos individuos, como estes não abdicão a sua natureza ao fazerem parte da sociedade, regula tambem a acção da sociedade, que é a agglomeração dos individuos.

E' a mesma lei natural, superior á vontade humana, de que nos falla com tanta eloquencia o grande orador romano: « *Est quidem vera lex, recta ratio, naturæ congruens, diffusa in omnes, constans, sempiterna, quæ vocet ad officium jubendo, vetando a fraude deterreat, quæ tamen neque probos frustra jubet aut vetat, nec improbos jubendo aut vetando movet. Huic legi nec abrogari fas est, neque derogari ex hac aliquid licet, neque tota abrogari potest. Nec vero aut per senatum, aut per populum solvi hac lege possumus.* » (2).

(1) Guizot — Gouvern. represent. — Vol. 1º, p. 80.
(2) Fragm. liv. III. Cicer. De Republ. apud Lactant.

2

Fonte: Teses de Emilio Valetim Barrios (1862); Dissertação de Antonio D. da Costa Bueno (1876).

Buscando mais evidências para o rito de passagem da defesa de teses, encontramos no Decreto nº 1.386 de 28 de abril de 1854 (Estatutos Couto Ferraz) e nas memórias produzidas por Almeida Nogueira (1977) detalhes que possibilitam a compreensão da produção e defesa de teses e dissertação, como também sobre o que podem trazer esses textos e que leituras nos oferecem. Assim, nos Estatutos de Couto Ferraz, 1854, "Capítulo VI, Da defesa de theses", lê-se:

> Art. 81. As theses cuja defesa he necessária para que o estudante possa obter o gráo de Doutor consistirão em proposições sobre todas as matérias do Curso, tocando pelo menos três a cada huma delas.
> Art. 82. No princípio do anno lectivo os Lentes em exercício enviarão ao Director dez questões sobre as materias de suas cadeiras.
> Estas questões, depois de approvadas pela Congregação e lançadas na Acta da Sessão em que forem adoptadas, serão pelo Secretário numeradas e escriptas em livro proprio para esse fim.
> D'entre as ditas questões, escolherá o Doutorando aquellas sobre que pretenda escrever as suas proposições.
> Art. 83. Além das theses, o Doutorando apresentará huma dissertação sobre ponto tirado com antecedencia de três dias perante a Congregação, que organisará também annualmente huma serie regular de pontos para esse fim.
> Art. 84. As theses serão formuladas pelo Doutorando no prazo que for marcado pela Congregação, de sorte que possão ser opportunamente approvadas por huma Commissão de Lentes por ella nomeada.
> Depois dessa approvação, serão impressas á custa do mesmo Doutorando e distribuídas por todos os Lentes.
> Art. 85. Cada Doutorando será arguido e julgado por 7 Lentes, tirados á sorte oito dias antes da defesa das theses, sendo á Cathedraticos e 3 Substitutos.
> Art. 86. O Presidente do acto será o Lente Cathedratico mais antigo d'entre os sorteados.
> Art. 87. Cada examinador arguirá por meia hora, começando pelos mais modernos, sendo o Presidente do acto o ultimo a arguir sobre a dissertação.
> Art. 88. Terminado o acto, os examinadores votarão em escrutinio secreto, estando presente o Secretario para lavrar o termo.
> Art. 89. O Bacharel que no acto do 5º. anno tiver obtido a nota de *simpliciter* não póde inscrever-se para defender theses.

> Art. 90. A approvação simples não impedirá a collação do gráo.
> Fica todavia neste caso salva ao Doutorando a faculdade de apresentar novas theses, ácerca das quaes se observarão as formalidades prescriptas nestes Estatutos.
> Art. 91. O que for reprovado, somente poderá ser admittido a novo acto hum anno depois. (IMPÉRIO DO BRASIL, 1854, p. 182-183)

As singularidades que aqui queremos ressaltar tratam-se das proposições de todas as matérias do curso que eram organizadas previamente pelos lentes, a partir de questões enviadas para a Congregação. Assim sendo, percebemos que havia uma condução e não propriamente orientação para que o doutorando escolhesse e escrevesse suas proposições a serem defendidas. Para a dissertação, o tema também não partia do próprio candidato ao título de doutor, mas conferia à Congregação organizar e regular os pontos.

Por sua vez, o ato da defesa das teses tratava de sessão composta por sete lentes tirados por sorteio, sendo quatro catedráticos e três substitutos, cujo procedimento de arguição e julgamento cabia a todos, com sessão presidida pelo lente mais antigo e o início dos questionamentos pelo mais novo. As sessões de defesas de teses eram atos que conferiam aos doutorandos, revestidos pela qualidade de acadêmicos, a aprovação plena ou *simpliciter*. A honra de receber o grau de doutor de borla e capelo não era conferida para todos os bacharéis em Direito no século XIX, porque nem todos conquistavam "a láurea que só alguns privilegiados obtinham de Doutor em Direito" (NOGUEIRA, 1977, p. 195, livro 5).

Rastreando as memórias de José Luís de Almeida Nogueira (1977), evidenciamos passagens do primeiro a receber o título de doutor e de defesas que foram destaques na Academia de São Paulo. Coube a Manoel Dias de Toledo receber o primeiro título: "Defendeu teses em 1833 e também nesse ato foi *plenamente* aprovado. Cabe-lhe a honra de ter sido o primeiro doutor em borla e capelo graduado pela Faculdade de São Paulo" (NOGUEIRA, 1977, p. 130). Em 1833, somente três defenderam teses, sendo que todos eles tornaram-se professores da instituição. O número pequeno de defesas pode ser explicado pela rigidez dos exames ou porque muitos não estavam revestidos pela qualidade de acadêmico a apresentarem teses a serem defendidas, como consta nos Estatutos, sendo também de responsabilidade da Congregação a escolha daqueles que estariam aptos ao rito de passagem. Nas memórias de Almeida Nogueira (1977, v. 1), destacamos os fragmentos:

> Vicente Pires da Mota. [...] Depois de formado, seguiu a sorte dos seus ilustres colegas Manuel Joaquim e Manuel Dias de Toledo. Como eles, defendeu teses, obteve, como eles, com aprovação plena, o grau de doutor, e ainda como eles, em 1833, foi nomeado lente substituto interino, e, por fim, em 1834, lente catedrático. Coube-lhe então a regência de uma das cadeiras de Direito Civil. (1977, p. 145-146)

> Manuel Libânio Pereira de Castro. [...] Foi bom estudante e um dos dez que se doutoraram em 1834. (1977, p. 222)

> Rafael de Araujo Ribeiro. [..] Fez bons estudos e em 1834 obteve o grau de doutor. (1977, p. 225)

> Francisco Bernardino Ribeiro. [...] Após um curso brilhante, propôs-se logo em seguida para o grau de doutor; de fato, defendeu teses em 12 de maio do ano seguinte e foi aprovado plenamente. (1977, p. 254)

> João Crispiniano Soares. [...] Logo após a colação de grau de bacharel inscreveu-se Crispiniano para o doutoramento. Tirou ponto em novembro de 1834 e no mês de abril de 1835 apresentou formuladas as suas teses e defendeu-as com brilhantismo, alcançando aprovação plena. (1977, p. 274-275)

Para aqueles que não atingissem os votos por unanimidade dos arguentes, poderiam receber a aprovação *simpliciter*. Pode-se ler nas memórias de Almeida Nogueira (1977):

> José Inácio Silveira da Mota. [...] Defendeu teses no ano seguinte ao da formatura, a saber, a 14 de março de 1834, e, apesar de tido e havido por inteligentíssimo, foi simplificado. (1977, p. 206)

> Miguel Arcanjo Ribeiro de Castro Camargo. [...] defendeu teses a 17 de março de 1834 e foi aprovado *simpliciter*. (1977, p. 223)

> Joaquim Inácio Ramalho. [...] Logo depois da colação de grau de bacharel, inscreveu-se o jovem Ramalho para a defesa de teses, a qual se realizou nos dias 27 e 28 de abril de 1835, sendo presidente do ato o dr. Carneiro de

> Campos, e argüentes, além deste, os drs. Manuel Joaquim, Pires da Mota, Anacleto, Silveira da Mota e Ferreira Batista. Faltou, por incômodo, o dr. Cabral. Mau augúrio... Parece que na discussão o doutorando se perturbou algum tanto, pois não alcançou aprovação *plena,* como era de se esperar dos seus triunfos acadêmicos e da justa nomeada de estudante aplicado e talentoso. (1977, p. 282)

O ato da defesa não era fácil, pois consistia num processo controlado, tanto na escolha e escrita das teses, quanto nas cerimônias de cumprimento do ritual. Para entender sobre o controle do que se escrevia, cabe aqui ressaltar uma narrativa, retirada das memórias de Almeida Nogueira (1977), sobre a defesa de teses de Cândido Gomes de Vasconcelos Guanabara:

> [...] Logo após a formatura, inscreveu-se Guanabara para a defesa de teses, e em seguida tirou os pontos, a saber, escolher três em cada matéria dentre nove propostas pela congregação da Faculdade, como prescreviam os estatutos.
>
> Em abril de 1856, apresentou redigidas as teses que se propunha a defender. Produziram desde logo má impressão, por destoarem, na sua generalidade, das doutrinas correntes, assinalando-se algumas por paradoxais e outras por contrárias a textos de direito positivo.
>
> Nesta última categoria achava-se uma tese de Direito Civil, na qual afirmava o doutorando que 'à mãe compete pátrio poder'.
>
> Esta proposição, por arrojada, produziu na Academia um sucesso de escândalo, e alguns lentes, entre os quais o grande Crispiniano, irritaram-se deveras contra Guanabara. Parecia-lhes que, especialmente aquela tese, tomava as proporções de uma 'afronta à Faculdade', e era 'um cartel de desafio' atirado à Congregação.
>
> Menos intolerante que os seus colegas do corpo docente, Gabriel Rodrigues dos Santos, a quem cabia, na qualidade de lente mais novo, iniciar a argüição, escolheu para objeto da crítica exatamente aquela tese. Era intenção sua, tomando tal iniciativa, impedir que para ali se enveredasse outro examinador menos complacente para com o candidato.
>
> Obedecendo ao seu generoso coração, fez elogios ao doutorando, e, com o pensamento de favorecê-lo, deu tal desenvolvimento à argüição, que falou toda hora, até que se esgotou a ampulheta e o secretário deu o respectivo sinal. Guanabara, ou por não ter compreendido a intenção do dr. Gabriel,

> ou o que é mais provável, melindrado por aquela proteção, que não solicitara, proferiu esta imprudente queixa:
> — Muito lamento que V. Exa. Não me tenha deixado nem um minuto para sustentar a minha tese e mostrar a insubsistência da sua impugnação.
> Seguia-se na ordem dos argumentos o conselheiro Carrão, que, aparando o pião na unha, como se diz, dirigiu-se ao fendante:
> — Pois bem, eu faço minha a objeção do meu colega, e dou-lhe, para responder, não apenas um minuto, mas todo o tempo que necessitar; tem a palavra.
> Este inesperado incidente produziu grande emoção em todo o auditório e despertou a mais viva curiosidade pelas peripécias da discussão que se ia travar. Em vez de estimular, Guanabara esmoreceu, consciente, talvez do risco que ia correr naquele duelo científico com um dos mais eruditos jurisconsultos e o mais argucioso argumentador dentre os seus mestres.
> De fato, a defesa foi fraca e a réplica esmagadora.
> Deu-se durante a refrega o seguinte episódio, bem característico do estado psicológico do candidato, que, de suscetível e altaneiro que sempre foi, revelou naquele momento mansidão evangélica.
> Com o empenho de pôr a descoberto o sofisma de argumento a quem com insistência se apegava o defendente, insultou-se o conselheiro Carrão e deixou escapar uma proposição menos delicada.
> Respondeu-lhe Guanabara parodiando o Cristo na presença de Caifaz:
> — Se eu digo mal, por que não corrigis; se digo bem, por que maltratais?
> Dali por diante, não se levantou mais o defendente.
> Durou dois dias a defesa, de 19 a 20 de maio, e foram examinadores, além de Gabriel e Carrão, os seguintes lentes: Furtado, Ramalho, Anacleto e Manuel Dias, e presidente do ato, a quem coube por isso argüir sobre a dissertação, o dr. Veiga Cabral.
> O resultado di-lo a ata, na forma lacônica e pitoresca então de uso '... e, corrido o escrutínio, *saiu reprovado*. E para constar etc.'
> Se não levou para a vida pública o pergaminho de doutor que tanto ambicionava, nem por isso deixou Guanabara de ilustrar o seu nome como grande orador e criminalista. (ALMEIDA NOGUEIRA, 1977, p. 47-51)

O julgamento que se procedeu deixa evidente a condução das doutrinas jurídicas, controladas pela Congregação, sem que o estudante pudesse extrapolar os limites permitidos no rito de passagem. A busca de emancipação intelectual em que se envergou o candidato ao título de doutor, diante dos seus julgadores, foi completamente rechaçada pela ousadia de destoar ao direito codificado da formação jurídica recebida. À excelência da formação não cabiam "ideias paradoxais" ou teses que poderiam "tomar proporções de uma afronta à faculdade". Assim sendo, o discurso jurídico estava resguardado de qualquer proposição que viesse a sobrepujar os argumentos das autoridades competentes, ou seja, não se poderia desviar dos cânones que se configurariam na cultura jurídica brasileira.

Em suma, não podemos olvidar de trazer à tona questões que nos intrigam sobre os escritos das teses em Direito do século XIX: O que trazem esses textos sobre escravismo e educação? Que leitura é possível se fazer na busca dessas evidências? "

ESCRAVISMO E EDUCAÇÃO NAS TESES E DISSERTAÇÕES – PRESENÇAS E AUSÊNCIAS

Voltando o olhar para as Teses/Dissertações como objeto e fonte de pesquisa, recorremos aos procedimentos históricos sugeridos por Adalberto Marson (1984, p. 52), os quais habilitam compreender: 1) *Sobre a existência das teses e dissertações enquanto documentos*: a) o que podem nos dizer sobre escravismo e educação no século XIX?; b) em que circunstâncias foram escritas e qual a finalidade dessas produções?; 2) *As teses e dissertações como objeto*: a) para quem se fizeram essas produções?; 3) *Sobre o significado das teses e dissertações como sujeitos*: a) de que história particular esses documentos participaram?; b) o que fizeram perdurar como depósito de memória? Assim, nessa busca de compreensão, levantamos elementos textuais dos documentos no sentido de trazer à tona respostas para nossas questões.

Por certo, a leitura que fizemos das teses e dissertações defendidas nos anos de 1833[25] a 1859 fez-nos compreender que as proposições de teses reafirmam a cultura jurídica recebida na formação, observando a predominância doutrinária da herança coimbrã. Apesar do entusiasmo anunciado no contexto da independência de se criar uma *intelligentsia* brasileira, profissionalizada para a política, que fosse capaz de enfrentar os problemas herdados, os saberes jurídicos estavam ainda atrelados a matrizes teóricas incorporadas pelos lentes, ora ligadas ao racionalismo iluminista, ora embutidas

[25] É importante ressaltar que encontramos apenas um documento de teses, referente à década de 1830. Porém, encontramos memórias sobre as defesas que já foram ressaltadas neste texto.

de concepção escolástica (FONSECA, 2008, p. 274). É importante ressaltar ainda que a formação dos juristas estava atrelada ao poder imperial, pois cabia a este regulamentar o currículo, bem como a escolha dos compêndios para serem usados pelos estudantes.

Na garimpagem de busca por presença de reflexões sobre escravismo e educação ou referências à instrução pública, percorremos as teses e dissertações da primeira metade do século XIX, mais exatamente até 1859, e encontramos duas proposições e uma única dissertação que fizeram referência ao escravismo. Em 1849, Agostinho Marques Perdigão Malheiros defendeu teses e na sua terceira proposição do Direito Constitucional Brasileiro lê-se: "3ª A simples carta de liberdade não dá aos libertos os direitos de Cidadãos Brasileiros" (MALHEIROS, 1849, p. 4). Intriga-nos nesta tese se o proponente desejou criticar ou reafirmar a questão dos direitos de cidadania do escravo alforriado. Porém, o perfil jurídico político de Perdigão Malheiros aponta-nos para entender tal proposição como discussão sobre direitos políticos e civis dos alforriados, no sentido de que foi curador de africanos livres, proferiu discurso "em sessão no instituto dos advogados brasileiros em 07-09-1863, RJ, 1863, 26 pags", declarando-se abolicionista (DICCIONARIO BIBLIOGRAPHICO BRAZILEIRO, 1893, p. 18-19). Escreveu a obra clássica *A escravidão no Brazil: ensaio histórico-jurídico-social, RJ, 1866 a 1867*, composta em três volumes, tratando, no primeiro volume de 1866, sobre o "Direito sobre os escravos e libertos"; no segundo, também de 1866, elegeu o título de "Índios"; no terceiro volume, de 1867, dedicou aos "Africanos". Essa obra foi bem aceita pela imprensa da época e, entre outras colocações, discorreu sobre a cidadania por naturalização do africano, como era previsto na legislação sobre os estrangeiros de outras origens. Ao tratar de direitos dos manumissos brasileiros, Perdigão Malheiros, no volume 1, ponderou sobre a situação desses libertos na sociedade brasileira, no que versa sobre a cidadania política e civil, bastante restrita, sobretudo pelo preconceito contra a raça africana, embora a legislação permitisse certos direitos políticos e elegibilidade,[26] como também a restituição do liberto à condição de pessoa (CHALHOUB, 2010).

---

[26] "[...] os libertos podiam votar apenas nas eleições primárias, desde que satisfizessem os outros requisitos gerais estabelecidos para todos os cidadãos, em particular quanto à renda mínima anual exigida. Podiam eleger e ser eleitos vereadores, mas não podiam ser eleitores, logo sequer votavam nos escrutínios para deputados provinciais, deputados gerais e senadores" (CHALHOUB, 2010, p. 40).

Nas teses de João Dabney de Avellar Brotero (1851), ressaltamos a primeira proposição de Direito Civil: "1ª. O filho que o senhor houve de escrava sua, sendo como tal reconhecido, é livre". Por assim dizer, a liberdade do filho da escrava com o seu senhor ficaria condicionada ao reconhecimento do pai. A tese defendida é pouco reveladora sobre a posição política do autor em relação à escravidão. Sobre a sua atuação política e jurídica, pós-Academia de Direito, pudemos compreender que não atuou nos assuntos sobre escravismo. Por outro lado, no que diz respeito à educação, João Dabney de Avellar Brotero fez parte da comissão de organização do Código da instrução pública da província de São Paulo, publicando relatórios datados de 1853 a 1858.

Por sua vez, a dissertação de Hygino Alvares de Abreu e Silva, apresentada em 1859, após ter obtido o título de doutor em Ciências Jurídicas e Sociais (1858), traz a questão sobre a chamada Lei de Terras: "A lei n. 601 de 18 de Setembro de 1850 pertence exclusivamente ao domínio do Direito Civil? Quaes são as rasões que se deduzem de suas disposições para sustentar a opinião contraria?" (ABREU E SILVA, 1859, p. 3). Numa das passagens do texto dissertativo, evidenciamos:

> [...] A *escravidão*, esse *escândalo da humanidade*, que data desde os mais remotos tempos a que alcança a história, foi aceita em nossa patria, sancionada por nossas leis.
> Quase nada tem conseguido os principios de igualdade do Evangelho, e as luzes espalhadas pelo Christinanismo sobre doutrinas da seita de Aristoteles, Platão e Cicero, que considerão a escravidão como uma consequência da natureza humana. Parece que o prestigio, que páira sobre essas cabeças gigantes tem incutido respeito à esse idéia embora barbara e absurda, de modo que ella se tem perpetuado através dos séculos.
> Já Moysés havia dito em seo Pentateuco aos Israelitas: vós sois todos irmãos. Mais tarde ainda Mahomet a repetia em seo Alkorão aos muçulmanos. E no entanto essa verdade espalhada no mundo pela tuba das religiões não conseguio até agora sufocar o mal da escravidão, que ainda gangrena as sociedades. Ainda hoje se encontra nas letras da lei um homem que se diz senhor, outro que se diz escravo. Quando no entretanto por toda parte soavão os brados de indignação contra a escravidão, não podia o *Brasil conservar-se impassível e surdo*, continuando a *sancionar em suas leis este crime nefando*. Já era tempo de apagar a nodoa, que por tantos anos lhe havia manchado a fronte, já era tempo de triumphar a verdade sobre o

> erro, já era tempo de os altos poderes do estado reconhecerem que não havia vantagem alguma, que autorize a pratica de uma imoralidade, que demais era um erro suppôr a felicidade do Brasil, dependente da passada escravatura em seo seio. De há muito, tratactado com a Inglaterra, bem como o de 22 de Outubro de 1826, nos prendião ao dever de não consentir o trafico no Brasil. Esta idéia tornou-se depois uma lei do paiz em 7 de novembro de 1831, em que se dispunha que todo escravo que desembarcasse no Brasil, ficasse livre. Era um golpe dado sobre os antigos costumes de um povo, e que ía chocar de frente uma das paixões, que mais dominão o homem — a ambição. A consequência foi então fazer-se ás ocultas e com o artificio o que não se podia fazer licitamente: o contrabando de escravos, o trafico oculto embora arriscado ainda perdurou por muito tempo. Os factos que então se passarão estão bem impressos em nossa memória, porque são factos de hotem. Não ha brasileiro que ao reconta-os não sinta o sangue subir-lhe à face. A Inglaterra sempre altiva para com os fracos, interveio arrogante, e nosso pavilhão foi por vezes abatido por essa nova soberana dos mares.
>
> A crença em que já estava o Brasil de que a escravatura era uma imoralidade, que não lhe convinhão os incommodos que de continuo lhe causava o ousado Bretão, apressarão o aparecimento da Lei de 4 de Setembro de 1850 [Eusébio de Queiróz], que foi o golpe de morte dado sobre o trafico [...].
>
> Mas o legislador previdente e jogando certeiramente com os dados da Economia Política, devia vêr que dous resultados muito importantes para o paiz íão seguir-se ao aparecimento d'essa lei. Grande massa de capitaes antes empregada no tráfico ía ficar paralysada [...] A idéia que então se dispertou e soou com aplauso em quase todas as bocas foi esta: — colonisação. [...]. Tratava-se de realizar a crença geral dos economistas — que o trabalho do braço livre é preferível ao do braço escravo. Não nos espraiâmos sobre este ponto, porque é uma verdadc inconcussa, e que não cabe nos estreitos limites de nosso trabalho; consignamos somente o facto, que — o golpe dado no trafico gerou a idéia de colonização; que a lei de 4 de setembro de 1850 gerou a lei de 18 de Setembro do mesmo anno [...]. (ABREU E SILVA, 1859, p. 9-12, grifos nossos)

O autor da dissertação, Hygino Alvares de Abreu e Silva (1859), fez uma longa análise na segunda parte do texto, ressaltando que para se estudar uma lei é preciso remontar a sua própria história. Para o autor, a história consiste numa "collecção philosóphica dos factos", sendo que esses fatos são geradores de leis, estabelecendo uma conexão estreita e íntima entre história e legislação (ABREU E SILVA, 1859, p. 9). Continua afirmando que é possível conhecer o caráter, a índole e a moralidade do povo pelas próprias leis estabelecidas. Assim, o autor passou a dissertar sobre os fatos que promoveram o aparecimento da lei de 1850, a lei de terras, asseverando que a escravidão constitui o escândalo da humanidade e que foi legitimada no Brasil pelas leis. Para tal crítica, apoiou-se nos preceitos religiosos para combater as doutrinas clássicas do Direito Romano, pelas bases filosóficas de Platão, Aristóteles e Cícero, as quais reafirmavam a escravidão. O discurso escrito configura traços de sua formação jurídica, trazendo princípios da economia política nos moldes de Adam Smith, com bases no racionalismo iluminista, como também se nota certo ecletismo de cunho teológico, em que se evidencia a defesa do trabalho livre em detrimento da escravidão. Por assim fazer, coube-nos compreender a cultura jurídica como ideias que circundam, funcionam e produzem resultados em "determinado contexto histórico social" (FONSECA, 2008, p. 261). Em sua carreira política, evidenciamos que Hygino Alvares de Abreu e Silva foi Deputado Geral (17ª Legislatura) e várias vezes deputado na Assembleia Provincial de Minas Gerais, autor de discursos sobre leis relativas à estrada de ferro Rio Doce (1879) (DICCIONARIO BIBLIOGRAPHICO BRAZILEIRO, 1893, p. 251).

Na segunda metade do século XIX, a partir dos anos de 1860, evidenciamos nas dissertações e teses um número maior de vestígios sobre escravismo e educação. É possível perceber outras configurações da cultura jurídica. Nos anos de 1870 e 1880, os lentes eram na sua maioria brasileiros e formados nas academias brasileiras "dentro de um contexto jurídico-político no qual o país já tinha trilhado caminhos próprios [...] no que diz respeito à sua cultura jurídica" (FONSECA, 2008, p. 267).

Na década de 1860, a dissertação de Emilio Valentim Barrios (1862) tratou de Direito Criminal, como a questão que versa sobre indenização dos ofendidos. Nesse ínterim, o autor fez a seguinte colocação, ao indagar sobre a responsabilidade de pagamento de indenização pelos autores ou cúmplices do delito: "O primeiro é o Senhor, que responde pelo delito do escravo, mas tão sómente até onde chega o valor dele – como propriedade" (BARRIOS, 1862, p. 20). Por um lado, podemos supor que há nesta única frase a visão sobre escravismo do autor, pelo sentido de propriedade dado ao valor do escravo e, por outro, há apenas uma reafirmação da lei criminal sobre a qualse propôs dissertar.

Em outra dissertação, que reza sobre o mesmo ponto do direito que têm os herdeiros do ofendido para haverem a indenização do dano, Egydio Barbosa Oliveira Itaqui (1863) discorreu, entre outras questões, sobre um dos limites da indenização, apresentando: "A primeira questão que temos á indagar aqui, é a de saber se é possível applicar á questão vertente a disposição do parágrafo 1 do artigo 28 do Cod. Criminal – que o senhor será obrigado a satisfazer damno do escravo até o valor deste" (ITAQUI, 1863, p. 17). O autor entendeu que sim. Por esse entendimento, recorreu ao Direito romano a partir dos pressupostos de Savigny,[27] apontando sobre o atraso da ciência criminal em detrimento das luzes do século, as quais orientam a resistir sobre a determinação do código criminal. Apontou ainda que certas relações de direito nem sempre são providenciadas pelas leis e, nesses casos, exigem reparação. Na sequência do raciocínio, o autor usou o exemplo de danos causados por algum animal de sua propriedade, o qual não poderia abrir mão de pagar a indenização. O sentido dado para a interpretação da lei está na propriedade.

Nesse rastreamento das teses e dissertações, cabe aqui ressaltar que a partir da década de 1870 algumas proposições remetem à educação. Outra característica importante são as capas das teses e dissertações, as quais trazem, por vezes, a função que exerceram nos jornais acadêmicos e a função pública e política, a exemplo: redator do "Constitucional"; Membro da Assembléa Legislativa Provincial de S. Paulo; "Redactor da "Imprensa Academica" e do "Constitucional", "Membro da Assembléa Provincial de Santa Catharina, Promotor Público da Comarca da Capital da mesma Provincia e Professor de Eloquuencia e Petica do Athenêo Provincial do Desterro". Promotor Público da comarca de S. Paulo. CAVALLEIRO DA ORDEM DE NOSSO SENHOR JESUS-CHRISTO, JUIZ MUNICIPAL E DE ORPHÃOS DA PACATUBA, NO CEARÁ, SOCIO correspondente do Instituto Archeologico e Geographico Pernambucano etc., etc.[28]

Assim, José Luiz de Almeida Nogueira (1872), "Membro da Assembléa Legislativa Provincial de S. Paulo", dispôs na terceira proposição do Direito Público que "Ao pai compete a educação do filho. A acção do Estado é suppletiva" (NOGUEIRA, 1872, p. 10). Podemos então compreender que a responsabilidade da educação do filho cabe ao pai e, se houvesse falta deste, caberia ao Estado assumir tal educação.

[27] Friedrich Carl von Savigny (1779-1861), considerado um dos maiores juristas alemães do século XIX, expoente da Escola Histórica do Direito.

[28] Trechos compilados das capas de teses dos bacharéis em Direito do século XIX, a partir dos anos de 1870.

Não trouxe detalhes da responsabilidade do Estado quanto à educação, conferindo apenas a repetição da lei. Em proposições de Direito Civil, o autor asseverou que: "I- O peculio do escravo não comprehende escravos nem serviços destes. II- E' licita a doação, ou legado, de escravos ou serviços de escravos ao fundo de emancipação" (NOGUEIRA, 1872, p. 12). Cabe, então, explicar que nessas proposições o autor se referiu ao pecúlio previsto no art. 3º da Lei nº 2.040, de 28 de setembro de 1871, Rio Branco ou Ventre Livre, como ficou conhecida, na qual previa, além da emancipação dos nascidos de escravas, a criação do fundo de emancipação com a finalidade de alforria gradual de escravos. Os recursos desse Fundo de Emancipação eram destinados às indenizações dos senhores proprietários de escravos. Salientamos que as teses conjecturavam, por vezes, discussões sobre leis aprovadas no momento histórico vivido pelos doutorandos.

As teses de Genuino Firmino Vidal Capistrano (1874) também trouxeram praticamente as mesmas proposições de José Luiz de Almeida Nogueira (1872) no que se refere à educação e ao escravismo, incluindo o Direito Público: "III- E' direito do pai educar e instruir o filho; ao Estado compete garantir seu exercício". No Direito Civil conjecturou: "I. Podem ser objecto de doações ou legados, escravos ou serviçoes destes, como fontes do peculio dos mesmos. II. O fundo de emancipação póde ser donatario ou legatario de escravos ou de serviçoes destes" (CAPISTRANO, 1874, p. 1-4). A dissertação de Genuino Firmino Vidal Capistrano tratou de desapropriação e, assim, numa das passagens do texto, argumentou sobre a desapropriação por utilidade pública para construção de edifícios públicos, incluindo casa de caridade e de instrução.

Por sua vez, João E. Sayão de Bulhões Carvalho (1875), numa longa dedicatória aos pais, revelou que recebeu por voto unânime da Congregação o título máximo das graduações acadêmicas e reclamou sobre a pouca idade em que chegou à academia, da saudade, do carinho, dos princípios de honra e da educação primorosa da família. Para iniciar suas teses, propôs em Direito Natural: "3ª - A educação dos filhos é dever moral e jurídico". Supomos que há nessa tese uma relação estreita ao discurso proferido na dedicatória aos pais sobre a educação familiar recebida. Cabe dizer ainda que a apresentação dessa proposição no Direito Natural não era comum, era mais presente no Direito Público.

Na década de 1880, conferimos nas teses de Severino de Freitas Prestes (1880), na quarta proposição de Direito Constitucional, uma referência à escravidão: "Nem é excepção a esse princípio a impossibilidade do Poder Moderador commutar em açoites a pena de galés imposta ao *escravo*" (PRESTES, 1880, p.5). Nessa tese, o autor discutiu a restrição do Poder Moderador em substituir pena de galés por uma outra mais leve. De acordo com o Código Criminal de 1830, artigo 44, os condenados à pena de galés eram obrigados a cumprir pena de trabalhos forçados para os serviços públicos de províncias na qual o réu cometera o crime. Consideramos que há na tese uma proposta de discussão sobre a relação entre a Constituição e o Código Criminal. Da mesma forma, João Antonio de Oliveira Cesar (1886) apresentou teses sobre Direito Constitucional, em que se propôs discutir a lei dos sexagenários ou Saraiva-Cotegipe: "II - Não é constitucional a lei de 28 de Setembro de 1885" (CESAR, 1886, p. 4). Compreendemos, portanto, que ambas configuram-se em discussões sobre Direito Constitucional e leis imperiais.

De outra parte, Jesuino Ubaldo Cardoso de Mello, formado em Recife, se dispôs, dentre outros acadêmicos, a defender teses em 1887 na Academia de São Paulo. Nas teses apresentadas, percebemos referências a filósofos como Comte[29] e Spencer,[30] apontando-os como teóricos de doutrinas harmônicas que impulsionam a mentalidade humana para outra orientação de organizar, no Direito, sua concepção exata, fazendo-o adentrar pela fase positiva. Na dissertação de Direito Administrativo, em que alvitrou discutir a desapropriação por utilidade pública, refere-se a Kant[31] para defender a propriedade:

> Nas condições da vida humana, no mundo que Kant chamava phenomenal, a propriedade representa o papel de um elemento necessario. A subsistencia do homem, a cultura e o engrandecimento de suas faculdades mentaes, a *educação* e o desenvolvimento de todos os germens depositados em sua natureza, dependem essencialmente da aquisição das riquezas naturaes, que se opera pela possibilidade da apropriação das cousas susceptiveis de apprenhensão. (MELLO, 1887, p. 23, grifo nosso)

[29] Auguste Comte (1798-1857), pensador francês considerado o pai do positivismo e sistematizador da sociologia.

[30] Herbert Spencer (1820-1903), filósofo e sociólogo inglês, representante do positivismo na Inglaterra e defensor da teoria de Charles Darwin.

[31] Immanuel Kant (1724-1804), filósofo prussiano, reconhecido pelas suas análises acerca da teoria do conhecimento em suas obras: *A crítica da razão pura* e *A crítica da razão prática*.

Em outro trecho da dissertação de Jesuino Ubaldo Cardoso de Mello (1887), ao argumentar sobre a desapropriação por utilidade pública, percebe-se a configuração do progresso, da modernidade:

> Opera-se, portanto, a desapropriação por utilidade pública geral, nas circunstancias seguintes: *constucção de edificios, estabelecimentos publicos de qual quer natureza que sejam; funndação de povoações, hospitaes, casas de caridade* e de *instrucção; abertura, alargamentos, ou prolongamentos de estradas, ruas, praças e canaes; construcção de pontes, fontes, aquedutos, portos, diques, caes, pastagens e de quaesquer estabelecimentos destinados á commodidade ou servião publica; constucções ou obras destinadas á decoração ou salubridade pública.* (MELO, 1887, p. 31, grifos nossos)

Tanto nas teses quanto na dissertação foi possível notar traços de sua formação acadêmica em Recife, apresentando embasamentos teóricos do "ideário positivista-evolucionista de base racional", configurado pela chamada "escola do Recife" (FONSECA, 2008, p. 274-275). A partir de 1870, percebe-se a entrada de ideias que marcaram os discursos chamados de modernos, em que se apresenta um "cientificismo jurídico", significando a cultura jurídica brasileira.

Pudemos compreender, nos elementos textuais das teses e dissertações, que as presenças e ausências sobre educação e escravismo nos falam de um passado que, embora indiciário, trouxera impressões da formação recebida e de suas finalidades. As teses e dissertações perpassaram leis, códigos, teorias, promovendo a inserção de ideias jurídicas que marcaram a formação do jurista brasileiro no século XIX.

FINALIZANDO – CONFIGURAÇÕES DE UMA CULTURA JURÍDICA

Uma parte da historiografia brasileira que estuda o papel desempenhado pelos juristas políticos na sociedade brasileira ao longo do século XIX apresenta-os como responsáveis pelo ordenamento normativo/jurídico do Estado, produtores da cultura jurídica brasileira. Diante dessa perspectiva, foi nosso objetivo compreender a formação desses que foram homens de Estado, pelo conjunto de trabalhos produzidos para aquisição do título de doutor em Ciências Jurídicas e Sociais, entre 1830 e 1889.

Tanto as presenças quanto as ausências referentes ao escravismo e à educação nas composições acadêmicas revelaram a formação recebida na Academia de Direito de São Paulo, no século XIX. A propósito, a produção de conhecimento, nas teses e dissertações, não pode ser vista pelo prisma de reconhecer uma linguagem essencialmente científica, revestida de fundamentos epistemológicos que pudessem embasar os argumentos jurídicos. Isso porque o discurso estava calcado na oralidade, pela organização de retóricas que não se separaram das matrizes jurídicas apreendidas na formação profissional, o que nos fez perceber a delineação de traços da cultura jurídica brasileira.

Conferimos, portanto, que o conhecimento do jurista brasileiro do século XIX pode ser também compreendido pelos saberes de retórica que culminam na obtenção do grau de doutor. O controle pedagógico, entendido como avaliação dos argumentos mobilizados para a defesa, na construção de teses e de dissertações, revelou que não se poderia ir contra a codificação das leis e a condução das doutrinas jurídicas. Contudo, a formação acadêmica, traduzida aqui no processo de construção do conhecimento, embasada nos estudos das legislações brasileiras, essencialmente no que se refere aos códigos e às leis de reformas constituídas ao longo do século XIX, fora essencial para que compreendêssemos as peculiaridades da cultura jurídica brasileira, em especial a de São Paulo. Tais peculiaridades puderam ser notadas nos discursos produzidos, que por vezes apresentaram saberes conservadores e por outras caminharam para a modernização jurídica.

FONTES

ABREU E SILVA, Hygino Alvares de. *Dissertação que por defender theses para obter o gráo de doutor em Sciencias Juridicas e Sociaes.* São Paulo: Typographia Litteraria, 1859.

ABREU E SILVA, Hygino Alvares de. *Theses que para obter o gráo de doutor em Sciencias Sociaes e Juridicas se propõe defender*. São Paulo: Typographia Litteraria, 1858.

BARRIOS, Emilio Valentim. *Dissertação que para obter o grau de doutor apresentou à Faculdade de S. Paulo*. São Paulo: Typ. Imparcial de J. R. de Azevedo Marques, 1862.

BARRIOS, Emilio Valentim. *Theses que para obter o gráo de doutor em Sciencias Jurídicas e Sociaes*. São Paulo: Typ. Imparcial de J. R. de Azevedo Marques, 1862.

BROTERO, João Dabney de Avellar. *Theses que para obter o grão de doutor que se propõem defender*. Typographia Liberal, 1851.

CAPISTRANO, Genuino Firmino Vidal Capistrano. *Theses e dissertação que para obter o gráo de doutor defendeu perante a Faculdade de S. Paulo*. São Paulo: Typographia do Diario, 1874.

CARVALHO, João E. Sayão de Bulhões. *Theses e Dissertação que para obter o gráo de doutor sustentou e defendeu perante a Faculdade de Direito de São Paulo.* São Paulo: Typographia da Provincia de São Paulo, 1875.

CESAR, João Antonio de Oliveira. *Theses que para obter o gráo de doutros apresenta á Faculdade de Direito de São Paulo.* São Paulo: Typographia de Leroy Book Walter, MDCCCLXXXVI.

DICCIONARIO BIBLIOGRAPHICO BRAZILEIRO. Augusto Victorino Alves Sacramento Blake. 1º v. Rio de Janeiro: Typographia Nacional, 1883. p. 18-19. Reimpressão: Conselho Federal de Cultura, 1970 – versão digitalizada (Acervo Digital da Brasiliana USP).

IMPÉRIO DO BRASIL. Decreto nº 1386 de 28 de Abril de 1854. Dá novos Estatutos aos Cursos Jurídicos. Título II. Do regimen das Faculdades. *In*: *Colecção das leis do Império do Brasil,* 1854. t. XVII, parte 2ª, secção 26ª, p. 182-183.

ITAQUI, Egydio Barbosa Oliveira. *Dissertação que para obter o gráo apresentou á Faculdade de Direito de S. Paulo*. São Paulo: Typographia Litteraria, 1863.

ITAQUI, Egydio Barbosa Oliveira. *Theses que para obter o grão de doutror defendeu.* São Paulo: Typographia Litteraria, 1863.

MALHEIROS, Agostinho Marques Perdigão. *Theses que para obter o gráo de Doutor em Sciencias Jurídicas e Sociaes*. São Paulo: Typografia Liberal, 1849.

MELLO, Jesuino Ubaldo Cardoso. *Theses e Dissertação que para obter o gráu de doutor em direito apresentou e defendeu perante a Academia de São Paulo, bacharel formado pela Faculdade de Recife em Pernambuco*. São Paulo: Typographia [?], 1887.

NOGUEIRA, José Luiz de Almeida. Faculdade de Direito de São Paulo. *Theses e Dissertação que obter o gráo de doutor apresentou e defendeu*. Membro da Assembléa Legislativa provincial de S. Paulo. São Paulo: Typographia [?], 1872.

PRESTES, Severino de Freitas. *Theses e Dissertação que para obter o gráo de doutor apresentou à Faculdade de Direito de S. Paulo*. Rio de Janeiro: Typografia de Serafim José Alves, 1880.

REFERÊNCIAS

BASTOS, Aurélio Wander Chaves. O Estado e Formação dos Currículos Jurídicos no Brasil. *In*: *Os Cursos Jurídicos e as Elites Políticas Brasileiras*. Brasília: Câmara dos Deputados e Rio de Janeiro: Fundação Casa de Rui Barbosa, 1977.

BRASIL. Congresso. Câmara dos Deputados. Centro de Documentação e Informação. *Criação dos cursos jurídicos no Brasil*. Brasília; Rio de Janeiro: Fundação Casa de Rui Barbosa, 1977.

CHALHOUB, Sidney. Precariedade estrutural: o problema da liberdade no Brasil escravista (século XIX). *História Social*, n. 19, p. 33-60, segundo semestre 2010.

CHARTIER, Roger. *Cultura escrita:* entre distinção e apropriação. Tradução de Maria de Lourdes Meirelles Matencio. Campinas: Mercado de Letras; Associação de Leitura do Brasil (ALB), 2003.

CHARTIER, Roger. *Do palco à página:* publicar teatro e ler romances na época moderna (séculos XVI - XVIII). Tradução de Bruno Feitler. Rio de Janeiro: Casa da Palavra, 2002.

CHARTIER, Roger. Escutar os mortos com os olhos. Tradução de Jean Briant. *Estudos Avançados*, v. 24, n. 69, 2010.

CHARTIER, Roger. O mundo como representação. Tradução de Andréa Daher e Zenir Campos Reis. *Estudos Avançados*, v. 11, n. 5, 1991.

FONSECA, Ricardo Marcelo. Vias da modernização jurídica brasileira: a cultura jurídica e os perfis dos juristas brasileiros do século XIX. *Revista Brasileira de Estudos Políticos*, n. 98, p. 257-293, jul./dez. 2008.

KOSELLECK, Reinhart. *Futuro Passado*: contribuição à semântica dos tempos históricos. Rio de Janeiro: Contraponto-Ed. PUC-Rio, 2006.

MARSON, Adalberto. Reflexões sobre o procedimento histórico. *In*: SILVA, Marcos (Org.). *Repensando a história.* 2. ed. São Paulo: Marco Zero, 1984. p. 37-64.

MATTOS, Ilmar Rohloff de. *O tempo Saquarema.* São Paulo: Hucitec, 1987.

MOTA, Carlos Guilherme (Coord.). *Os juristas na formação do Estado-nação brasileiro*: século XVI a 1850. São Paulo: Quartier Latin, 2006.

MOTA, Carlos Guilherme; FERREIRA, Gabriela Nunes Ferreira (Coord.). *Os juristas na formação do Estado-nação brasileiro*: 1850 a 1930. São Paulo: Saraiva, 2010.

NOGUEIRA, José Luís Almeida. *A academia de São Paulo:* tradições e reminiscências. São Paulo: Saraiva, 1977. v. 1-4.

SILVA, Mozart Linhares da. *O império dos bacharéis:* o pensamento jurídico e a organização do Estado-nação no Brasil. Curitiba: Juruá, 2009.

VAMPRÉ, Spencer. *Memórias para a História da Academia de São Paulo.* Brasília: INL, Conselho Federal de Cultura, 1977. v. 1-2.

Trajetórias esquecidas – O que dizem os anúncios de escravos fugidos sobre as experiências educativas daqueles sujeitos?

Matheus da Cruz e Zica

INTRODUÇÃO

Formulando de outro modo a questão que está no título deste texto: Quais tipos de experiências educativas os escravos vivenciaram no contexto do Brasil oitocentista? Como participaram delas? Essas perguntas foram verdadeiros motes para a realização da pesquisa que agora é apresentada ao público interessado no assunto. Num primeiro momento, tentamos situar a pesquisa em meio aos estudos já realizados sobre o tema; fazer uma breve apresentação do periódico analisado; e, em seguida, esclarecer alguns pontos sobre o funcionamento, a dinâmica e o repertório das fugas dos escravos no contexto pesquisado. Na segunda parte, o esforço foi empreendido no sentido de demonstrar a recorrência da produção de uma representação dos negros no Brasil, a nosso ver bastante simplificadora, ancorada apenas em seus aspectos físicos, em seus corpos; trabalhamos também no sentido de esclarecer que os hábitos dos escravos de cantar, tocar, dançar não se liga a um mero lazer — em vez disso, aqueles hábitos estariam ancorados em abrangentes visões de mundo; Ao final da segunda parte, também falamos um pouco sobre o vigor dos escravos representados em contraste com a abundância dos anúncios de remédios no jornal, levantando a hipótese de que as culturas africanas contribuiriam significativamente para a presença desse vigor, em detrimento do exercício do trabalho em excesso. Na terceira e última parte, deixamos um pouco de lado as heranças africanas, que sem dúvida influenciaram fortemente as vidas daqueles sujeitos escravizados, e passamos a tratar dos modos pelos quais os escravos se "ocidentalizavam" no Brasil do século XIX. Primeiro, tratamos das relações entre Escravidão, Leitura e Escrita, no século XIX brasileiro;[32] em seguida, abordamos a fluência no português falado como importante símbolo de afastamento da escravidão naquele contexto; por fim, demonstramos como o recurso ao fator de distinção presente nos movimentos de moda do século XIX foi mobilizado pelos escravos em fuga de maneira perspicaz.

SITUANDO A PESQUISA EM MEIO AOS ESTUDOS JÁ REALIZADOS SOBRE O TEMA

No ano de 2007, Marcus Vinícius Fonseca publicou, na *Revista da Sociedade Brasileira de História da Educação*, um cuidadoso balanço sobre abordagens do negro na historiografia educacional brasileira, nas três vertentes que, predominantemente, marcaram sua escrita ao longo do século XX: tradicional, marxista e história cultural. Dessa análise o autor concluiu que:

> O processo de renovação da historiografia educacional não avançou no sentido de desnaturalizar o lugar tradicionalmente ocupado pelos negros, tampouco construiu um padrão de narrativa que os incorporasse à história da educação. Nesse sentido, o processo de renovação, que alterou os procedimentos de análise e escrita da história da educação, não produziu o mesmo efeito no tratamento dispensado aos negros, que ainda não foram elevados à condição plena de sujeitos nem ocuparam o seu devido lugar nas problematizações que conduzem as pesquisas. (FONSECA, 2007, p. 44)

O mesmo pesquisador reconhece, entretanto, que dos anos 2000 em diante o tema começou a ganhar força no campo. De fato, representativos desse avanço inicial são: a publicação do Dossiê "Negros e Educação", na *Revista Brasileira de História da Educação*, em 2002; e, no ano seguinte, a realização do minicurso de história da educação dos negros no Brasil, encomendado pelo Grupo de Trabalho Educação e Relações Raciais, da Associação Nacional de Pós-Graduação e Pesquisa em Educação (ANPEd).

[32] Na ocasião desse texto não aprofundamos esse assunto por questão de falta de tempo e porque encontrei poucas menções a escravos que liam e escreviam.

Um passo importante para uma compreensão mais acurada da história da educação da população negra no Brasil foi a operação de distinguir *negro* de *escravo* em nossa experiência histórica, anterior a 1888 (FONSECA, 2007, p. 14). Existe um grande número de sujeitos negros no Brasil, libertos ou alforriados, que com frequência parecem ter mobilizado a escolarização no Brasil Colônia e Império (Cf. PERES, 2002; SILVA, 2002). Outras pesquisas que incidem sobre esses períodos têm demonstrado que também os escravos, ainda que com maior dificuldade em relação aos forros e libertos, mantiveram relações com a leitura e a escrita (Cf. WISSENBACH, 2002; PAIVA, 2006b).

Fonseca (2002) abre ainda maiores possibilidades para a compreensão da formação dos escravos no Brasil, quando se utiliza de um conceito mais ampliado de educação e, nesse sentido, ressalta que:

> As práticas educativas voltadas para a formação dos trabalhadores escravos em nada se assemelhavam à escolarização, mas a educação não é prerrogativa da escola. Antes de o modelo escolar tornar-se espaço privilegiado da atividade educacional, outras formas de educação foram responsáveis pela incorporação das novas gerações às diversas formas de organização das sociedades. (FONSECA, 2002, p. 125)

Por essa via, descobre-se todo um universo de formação do escravo enquanto *trabalhador* (FONSECA, 2002, p. 137-142). Continuando nessa tradição de estudos sobre a educação dos escravos brasileiros, e igualmente tomando a ideia de educação numa acepção que não coincide necessariamente com escolarização, a pesquisa aqui apresentada dá visibilidade a vários outros aspectos que pareciam compor o aprendizado escravo, para além do universo rígido do trabalho ou da representação idealizada da leitura e da escrita.

CONHECENDO O PERIÓDICO *NOTICIADOR DE MINAS* (1868-1872)

Encontramos o periódico *Noticiador de Minas* (1868-1872) enquanto realizávamos a pesquisa do doutorado que teve o título: *Diversificação dos modos de ser masculino e estatização da violência masculina na escrita literária e jornalística de Bernardo Guimarães (1869-1872)* — (Cf. ZICA, 2011).

Levando-se em conta o recorte temporal preestabelecido pelas obras de Bernardo Guimarães — 1869-1872 —, procuramos outros tipos de fonte e percebemos que apenas alguns jornais de Ouro Preto foram conservados. Estes se encontram microfilmados ou na Hemeroteca do Estado de Minas Gerais ou digitalizados e disponíveis no *site* do Arquivo Público Mineiro, sob o título de *Jornais Mineiros*. A coleção mais completa é a do periódico do Partido Conservador — e ao mesmo tempo oficial — *Noticiador de Minas*, que cobre todo o ano de 1869, a segunda metade de 1870 e os anos inteiros de 1871 e 1872.

Ao procurarmos, no doutorado, referências sobre relações de gênero no periódico em questão, não deixamos de notar com bastante interesse que os anúncios de escravos fugidos eram abundantes em suas páginas. As descrições dos escravos eram riquíssimas e sabíamos que a História da Educação ainda carece significativamente de estudos sobre esses sujeitos. Foi diante dessa percepção que propusemos a curta pesquisa de estágio pós-doutoral que, neste momento, se apresenta.

Em nossa pesquisa não conseguimos muitas informações sobre o proprietário do jornal: J. F. de Paula Castro, dono da *Tipografia J. F. de Paula Castro*. Sabemos que sua tipografia imprimiu durante muitos anos os Relatórios dos Presidentes da Província de Minas Gerais: de 1866 a 1868; e de 1871 a 1877. Algo que pode explicar de alguma maneira o caráter "oficialesco" do jornal *O Noticiador de Minas*, e também a força do Partido Conservador naquele momento em Minas Gerais, pois o jornal sempre trazia abaixo de seu nome, na primeira página, o lembrete: *Órgão conservador*. A Tipografia de J. F. Paula Castro sai de cena na publicação dos Relatórios dos Presidentes da Província de Minas Gerais em 1878 — período em que os partidos liberais e republicanos ganham força em todo o Brasil — e só retorna nos dois últimos anos do Império: 1888 e 1889.

Também não conseguimos avançar acerca do conhecimento da quantidade de tiragens desse jornal, que era composto por uma folha única de 52cm por 74cm. Essa grande folha era dobrada ao meio produzindo quatro páginas de 52cm por 37cm, cada uma, em geral, contendo 5 extensas colunas, sendo as duas últimas páginas geralmente reservadas para as propagandas, principalmente a última.[33] Conforme indicam os exemplares originais consultados, no uso cotidiano, uma dobra a mais era feita ao meio dos 52cm verticais, tal qual os jornais de hoje são vendidos. Havia,

[33] Obtivemos essas informações no contato direto com o original que gentilmente foi autorizado pelos funcionários da Hemeroteca Histórica do Estado de Minas Gerais, da Biblioteca Pública Estadual Luiz de Bessa, a quem agradecemos vivamente.

ainda, uma informação que se repetia na primeira página de todas as edições que pode ser elucidativa das retóricas pelas quais o jornal se apresentava ao seu público:

> Publica-se três vezes por semana, as assinaturas são pagas adiantado, abrem-se em qualquer dia e finalizam-se em março, junho, setembro e dezembro. Aceitam-se e imprimem-se quaisquer artigos escritos em termos decentes, os de interesse geral serão publicados gratuitamente. Das publicações a pedido e os anúncios cobrar-se-á 80 rs. por linha. Não se fará restituição dos artigos que sejam remetidos à tipografia. Números avulsos vendem-se a 200 rs. (*Noticiador de Minas*, n. 325, 17 jun. 1871, p. 1)

A introdução do comentário crítico intitulado "Reforma do elemento servil", transcrito de um jornal não especificado do Rio de Janeiro, assinado pelo pseudônimo "O Brasileiro", é representativa do posicionamento do *Noticiador de Minas* em relação à escravidão naquele momento em que se definia a Lei do Ventre Livre:

> Se outrora a necessidade forçou-nos a ir à costa d' *África* buscar *instrumentos de trabalho*, hoje essa mesma necessidade obriga-nos a dispensar esses *instrumentos rudes e grosseiros*, trocando-os pelo *operário inteligente*, que a *Europa* pode ministrar-nos. (*Noticiador de Minas*, n. 325, 17 jun. 1871, p. 3, ênfase adicionada)

O par de oposição explicitado na argumentação do autor — polo A) África, Instrumento de trabalho, rude e grosseiro X polo B) Europa, operário inteligente — não deixa grandes dúvidas a respeito de como era tratada a questão da presença dos negros no Brasil: um mal necessário. O texto defende uma posição típica dos conservadores naquele contexto (CHALHOUB, 2003), partidários que eram do fim da escravidão, desde que tudo fosse feito de modo "lento e gradual", protelando, assim, o término para um futuro indefinido:

> Se a cessação do tráfico não abalou a nossa lavoura, também a não abalará a *extinção lenta e gradual* da escravatura. A nós, povo cristão, não cabe retardar, com sofismas e excessivos temores, a realização do grande acontecimento, que verificará a sentença do apóstolo das gentes. *Não há mais senhor, nem escravo, todos somos irmãos em Jesus Cristo.* (*Noticiador de Minas*, n. 325, 17 jun. 1871, p. 3; ênfase adicionada)

Os argumentos cristãos também foram uma tônica nas discussões sobre a aprovação da Lei do Ventre Livre (CHALHOUB, 2003). Por vezes era mobilizada a ideia de que nossos senhores eram muito bondosos e que a proteção oferecida por eles aos escravos se tratava, na verdade, de uma grande prova de caridade. No caso do texto citado, a teoria cristã que fecha o artigo não cala a introdução que dá base a toda a construção do discurso apresentado: os que se identificam com a lógica do mundo senhorial devem dar fim à escravidão porque os africanos, apesar de irmãos em Cristo, são rudes, são grosseiros, são apenas instrumentos de trabalho.

Essa visão perversa sobre os africanos atravessa a passagem do século XIX para o XX no Brasil, embora não sem resistências. O fortalecimento dos estudos sobre a história da educação dos negros neste país é uma das expressões dessas resistências. Ao tentarmos captar as lógicas próprias dos escravos em suas fugas e em seus processos educativos, não procuramos fazer outra coisa senão enfraquecer esses antigos estereótipos sobre os negros no Brasil que, por não serem rediscutidos, permanecem como efetivos recalques culturais a retornarem incessantemente em nossas mais diversificadas formas de expressão.

ARMADILHAS DO CORPO – A REDUÇÃO AO FÍSICO

Em 10.08.1870, Antonio Teixeira de Morais, de Leopoldina (MG), manda anunciar que:

> Há quase 4 anos fugiu de sua fazenda da Cachoeira, município da Leopoldina, freguesia do Angú, um escravo com os sinais seguintes:
>
> Cor parda, cabelos torcidos, baixo, reforçado de corpo, quando anda estala a junta do tornozelo, costuma andar com os cabelos penteados, e crescidos, tinha sido vacinado de bexigas na véspera de fugir, deve ter ainda sinais visíveis, idade presumível de 22 a 24 anos; este rapaz foi da Itabira, e comprado a Manoel de Barros Drumond, talvez esteja para esses lados; quem o trouxer à dita fazenda, no Mar D'Espanha e entregar ao Sr. Freitas, ou na Leopoldina ao Sr. Dr. Carlos receberá 200$000 rs. de gratificação. (*Noticiador de Minas*, n. S/N, 10 ago. 1870, p. 3; ênfase do original)

Não temos o nome desse escravo, não sabemos como estava vestido, nem em que circunstâncias fugiu, nem quais suas habilidades de trabalho... Não fosse o fato de sabermos que gostava de andar penteado, difícil seria reconhecer algo de humano nesse corpo descrito, exibido, recortado da cultura que o constituiu, subtraído de sua história de vida. O que se ressalta no anúncio é fundamentalmente a superfície física desse corpo, construto de uma narrativa criada pelo proprietário para um fim específico: orientar quem quer que se habilitasse a procurar seu escravo foragido durante a busca. Embora boa parte dos anúncios tenha trazido informações sobre os hábitos socioculturais dos escravos fugidos — talvez a maior parte deles —, podemos afirmar, não obstante, que a exposição do corpo físico desses sujeitos foi sem dúvida o foco principal dessas pequenas narrativas.

Anúncios desse tipo, nos quais basicamente se expõe apenas um corpo, são bastante próximos de outros tantos anúncios que relatavam outro tipo de fuga: a de animais. Ainda mais que esses anúncios, tanto de escravos quanto de animais, eram acompanhados de chamadas semelhantes — em geral a palavra Fugiu ou Desapareceu em negrito — e ocupavam o mesmo lugar no jornal: a terceira ou a quarta, e última, página. É o caso desse anúncio:

> Fugiu dos pastos desta capital a 21 do corrente, e supõe-se ter tomado a direção do Rio de Janeiro um macho, pelo de rato claro, com uma ferida de cangalha quase sã no lado direito, com dois calos nas cruzes, e puxa do quarto direito estando com cargas; quem o prender e entregar n'esta cidade ao Sr. Catão será generosamente gratificado. (*Noticiador de Minas*, n. 14, 24 set. 1868, p. 3, ênfase do original)

Gilberto Freyre também notou em sua pesquisa a frequência com que se tem a sensação de aproximação entre escravos e animais por meio da leitura dessas curtas narrativas jornalísticas do século XIX. Segundo ele, "alguns anúncios de escravos fugidos parecem colocar os fujões na categoria de simples animais de trabalho" (FREYRE, 1979 [1961], p. 46).

Se essa omissão de alguns proprietários em relação à humanidade dos escravos existiu, seja no tratamento narrativo-descritivo que lhes davam nessas ocasiões de anúncio, seja no tratamento que lhesdessem no dia a dia, daí não se pode depreender, entretanto, que essa vontade de apagamento tenha de fato alcançado êxito completo quando ia ao encontro do complexo arcabouço biológico e cultural humano daqueles sujeitos. É fundamental atentarmos para o fato de que essas representações de escravos foram feitas por sujeitos específicos — e em determinadas condições

— muito distantes da abordagem atenta à realidade complexa e paradoxal da vida desses homens e mulheres cativos, que é o que mais nos interessa nesse momento. Alguns senhores caíram na armadilha do corpo, reduziram seu olhar ao físico daqueles sujeitos. Uma redução que acompanhou, aliás, boa parte da historiografia sobre escravidão produzida no Brasil ao longo do século XX.

O próprio Gilberto Freyre toma algumas vezes o africano como algo intocado, puro, físico, anterior à cultura, como corpo que apenas diz de uma raça e não de toda uma visão de mundo:

> Nas descrições de tipos antroporraciais que constam dos anúncios de jornais relativos à era patriarcal já se encontram, porém, em não poucos casos, antecipações do que viria a ser, no Brasil, entre a parte da população precedente da África negra, a substituição de característicos antroporraciais por característicos principalmente antropossociais. (FREYRE, 1979 [1961], p. XXXIII)

Pressupõe que, antes do Brasil, os homens e mulheres da África eram apenas espécimes de uma raça, apenas portadores de "característicos antroporraciais", desprovidos de cultura social. Cultura social essa que só teria aparecido para aqueles sujeitos, conforme sugere o autor, após a chegada ao Brasil, evento que teria permitido a saída da condição de espécimes raciais para a de portadores de "característicos antropossociais". Definitivamente o Brasil não foi um *marco-zero* da cultura para os africanos.

Adotar essa visão seria incorrer na mesma percepção limitadora que os proprietários brasileiros do século XIX tiveram, talvez por conveniência, de seus escravos: dividindo-os entre *boçais* e *ladinos*. O ladino era percebido com mais temor pelos senhores, pois já dominava o português e as regras de conduta ocidentalizadas. O primeiro sentido de boçal era: escravo que acabava de chegar da África. Por não conseguir falar e compreender o idioma português, o boçal foi também interpretado como "falto de cultura; ignorante, rude, tosco" ou "desprovido de inteligência, sensibilidade, sentimentos humanos; besta, estúpido, tapado", adjetivos que a essa palavra foram sendo associados durante os anos de colonização e império do Brasil, e que perduram ainda a ela associados em nosso português atual, conforme indica o *Dicionário Eletrônico da Língua Portuguesa Antônio Houaiss* (2009) — onde se pode consultar também a própria etimologia dessa palavra. Ou seja, associou-se erroneamente durante muitos anos a origem africana à falta de cultura.

DE VISÃO DE MUNDO AO CAMPO DO LAZER? CANTAR, TOCAR, DANÇAR E BEBER PARA OS NEGROS NO BRASIL OITOCENTISTA

Ora, por mais difícil que seja encontrarmos registros escritos mais longos das culturas africanas no Brasil oitocentista — pelo fato de a maioria delas ser oral e corporal —, devemos no mínimo supô-las com grande peso ali onde um minúsculo símbolo as evoca, onde uma pequena pista acena. Embora poucos contemporâneos do século XIX tenham a elas se remetido em texto com a riqueza que de fato têm — em suas longas histórias e mitos falados de memória, em suas estéticas corporais e artísticas, em seus ritos e práticas corporais, que revelam profundas visões de mundo — é preciso considerar que o impacto de todo esse arcabouço cultural, silencioso ao historiador ainda preso a certa tradição documental, não foi pequeno na definição de escolhas de vida por parte de muitos negros, escravizados ou não, que participaram daquela conjuntura histórica.

Em 22.02.1871, Luiz José Dutra, do distrito de Santa Anna, termo da cidade de Queluz (MG), anunciava a fuga de:

> Seu escravo de nome João Africano, de idade de 32 anos, mais ou menos de estatura baixa, delgado de corpo, pouca barba, bons dentes, fala bem e mancamente, tem um sinal de queimadura nas costas. [...] Desconfia-se ter o dito escravo procurado o serviço do Morro Velho onde já esteve alugado. *Tem alguns sinais característicos no rosto da nação a que pertence*, e traz sempre *um corrião na cintura com a marca do Morro Velho*. (*Noticiador de Minas*, n. 75, 22.02.1869, p. 3, ênfase adicionada)

O "corrião" usado por João Africano parece ser, aos olhos do proprietário anunciante, algo deslocado do comum, algo que identificava a singularidade daquela pessoa. Provavelmente essa singularidade de seu modo de vestir não era apenas uma excentricidade individual, mas um sinal de que outras concepções estéticas, ligadas a outras visões de mundo, o orientavam nessa escolha. A mesma visão de mundo que considerava belas ou importantes as marcas a fogo no rosto, como as que João carregava, lidas pelos proprietários na maior parte das vezes apenas como traço identificador de um ou outro negro e não mais que isso.

Acompanhemos a descrição de Cândido, que fugiu do dr. Firmino José de Souza Lima, residente em Ubá (MG):

> Pardo, natural de Pernambuco, de 23 a 24 anos de idade, de cabelos pretos, trazendo-os sempre bem penteados, quase corridos, anelados nas pontas, de figura elegante, de estatura regular, de pés e mãos grandes, bem possante, com alguns *dentes limados*, usa fazer a barba deixando somente alguma no queixo, traz *sempre ao pescoço um rosário de contas brancas por baixo da camisa*, tem o vício de pitar e jogar, é atirado à *capoeira* e bem falante [...].(*Noticiador de Minas*, n.82, 10 mar. 1869, p. 4, ênfase adicionada)

Diferentemente do "fujão" João Africano, citado anteriormente, o "possante" Cândido parece ter referências já um pouco mais distanciadas das cosmovisões africanas, sem, contudo, ter perdido por completo suas influências. Embora seus cabelos "bem penteados, quase corridos", sua barba feita, e seu bom uso da fala despertassem a impressão de uma "figura elegante" a olhares mais europeizados, estavam também ali naquela mesma figura os "dentes limados", o "rosário de contas brancas" e a prática da "capoeira". Sinais de uma estética, de uma crença e de uma prática estigmatizadoras, já que é a percepção delas como excêntricas que as tornava mencionáveis, consideradas marcas úteis que provavelmente — pelo menos para o anunciante — iluminariam a especificidade daquele sujeito naquele contexto. Marcas estigmatizantes, mas presentes.

Reconhecidos praticantes de capoeira, ao longo de diferentes momentos do século XX, referiram-se a ela como prática com o corpo, sendo este entendido num sentido amplo e não só em seus aspectos físicos e anatômicos (SIEGA, 2007). A capoeira é uma prática que implica o aprendizado não apenas de golpes de braços e pernas, mas também o de tocar instrumentos, de ouvir e cantar músicas, e o de abandonar a exclusividade de comportamento corporal sempre comandado pela racionalização das ações. Para Siega (2007, p. 60), o momento emblemático desse "abandono" do apego excessivo aos comandos da mente proporcionado pela capoeira é aquele em que o praticante "anda de mãos no chão e pés para o alto, inversão incômoda, onde se tem a impressão de que o corpo conduz a cabeça".

Ao final de alguns anos de prática os capoeiristas dizem de uma sensação de *visão de mundo* incorporada por meio desse aprendizado prático. Essa estrutura de um grupo que se encontra e pratica proporciona um aprendizado que não é passível de ser transmitido satisfatoriamente por meio de um manual. É algo que só se aprende com longo tempo de *prática*, um aprendizado vinculado ao universo do sensorial.

A valorização da música e de movimentos do corpo como bases fundamentais para o aprendizado da visão de mundo proposto pela capoeira está também presente em práticas culturais vinculadas às populações africanas e às de seus descendentes, bem mais antigas do que a própria capoeira: referimo-nos às manifestações do campo religioso.

> Ao contrário da tradição cristã que opõe diametralmente corpo e espírito, estabelecendo um ideal de comportamento no qual o corpo é sublimado, as culturas africanas têm a performance das divindades, através das máscaras e/ou do transe da possessão, como elemento central de sua religiosidade. Nesta performance, o corpo torna-se o receptáculo da divindade, e sua expressão através da dança reencena e atualiza os mitos de criação, reafirma seus pactos com os vivos e dispensa a estes a força vital e a proteção necessárias a seu bem-estar. A *dança* e a *música* são sagradas, assim como a sensualidade — a percepção através dos sentidos e seu exercício. (Centro de Estudos Afro-orientais/UFBA, 2006, p. 17, ênfase do original)

O ato humano de experimentar e atuar com o próprio corpo "algo ou alguém" que percebem como divindade faz com que a atividade desse corpo — incluindo nessa ideia de corpo os aspectos mentais e espirituais — seja intensa e de amplo alcance em termos de partes ou elementos sensoriais envolvidos durante os movimentos. Esse ato intenso e repetido de *reatualização da história de uma cultura por meio do próprio corpo* produziria um vigor nos sujeitos que o vivenciam, segundo os pesquisadores do Centro de Estudos Afro-Orientais da UFBA que traduziram essa disposição do corpo mediante o conceito de *força vital.*

O "bem possante" Cândido, escravo fugido que limava os dentes — em acordo, portanto, com certos parâmetros de uma visão de mundo distante da cultura do racionalismo pragmático influente no século XIX brasileiro —, também estava ligado a alguma religião não cristã, conforme indica o seu "rosário de contas brancas", para além de ser "atirado à capoeira". A trajetória desse escravo oferece-nos pistas importantíssimas a respeito do conteúdo, ou, se quiserem, do *currículo* não oficial que muitos dos escravos brasileiros devem ter aprendido ao longo de suas infâncias e juventudes para além das práticas de trabalho que eram obrigatórias e precoces. Ilumina também um pouco da história da capoeira no Brasil que, em suas origens, deve ter dialogado fortemente com os aspectos religiosos dos africanos, uma vez que esses também enfatizavam a musicalidade e a exploração de múltiplas possibilidades sensoriais e motoras do corpo por meio da dança; divulgação de uma *visão de mundo* via conhecimento prático, produção de um corpo provido de força vital.

Deve estar vinculado também à centralidade que a música tinha para as culturas africanas, trazidas pelos negros de diversas regiões daquele continente para o Brasil por meio do tráfico, o apego que muitos escravos pareciam ter com práticas ligadas a esse universo dos ritmos, tais como a dança, o canto e o toque de viola, encontrados na documentação. Mesmo que muitas vezes apareçam *talvez* já um pouco afastadas da função original às quais essas práticas estavam vinculadas nos rituais africanos, atividades ligadas à música parecem ter constituído com frequência os currículos educativos — estes entendidos de forma ampla, não só pela via escolar — dos escravos.

O VIGOR DOS ESCRAVOS EM CONTRASTE COM A ABUNDÂNCIA DOS ANÚNCIOS DE REMÉDIOS

Após ter feito essa pesquisa, compartilho com Gilberto Freyre a afirmação que fez ao analisar anúncios de escravos ao longo de todo o século XIX: "Segundo os vendedores, seriam os negros sempre sadios e perfeitos ou quase perfeitos de corpo; mito de reclame comercial desmentido por grande número de anúncios de escravos fugidos, *embora confirmado pela maioria deles*" (FREYRE, 1979 [1961], p. 83).

De fato a maioria dos anúncios de escravos fugidos veiculados no jornal analisado apontam para a presença de uma elevada energia vital naqueles sujeitos, informação surpreendente para os que ainda carregam o imaginário monolítico de um escravo apenas maltratado e sofredor. Mesmo que castigados e obrigados a trabalhar, muitos escravos mantiveram seu vigor físico e autoestima elevados, conforme pudemos captar em vários anúncios. São muitos os descritos como "cheios de corpo", o que naquele contexto significava musculatura forte. É o caso do escravo Moisés que "chato de corpo e grosso, [...] com quanto sofra do estomago, é *cheio de corpo e por isso bem musculoso*" — fugido de Alexandre José Bernardes, de Santo Antônio do Monte/MG (*Noticiador de Minas*, n. 145, 07 set. 1869, p. 3, ênfase adicionada). Assim também era o escravo pardo Custódio, que fugiu do Comendador Vicente José da Trindade, de Diamantina (MG), "bem feito de cara e de boa figura, [...] *cheio de corpo e bem constituído*" (*Noticiador de Minas*, n. 1, 19 ago. 1868, p. 3, ênfase adicionada).

Toda essa força, é claro, não vinha apenas das práticas corporais sensório-motoras estimuladas pelas culturas africanas, mas em diálogo com a forte presença do trabalho manual na trajetória de vida daqueles sujeitos, outro ponto fundamental que deve chamar atenção dos que querem compreender melhor o processo educativo na trajetória dos escravos brasileiros. Trabalho excessivo que, na maioria das vezes, além de músculos, além das provenientes dos castigos senhoriais que também aparecem com força na documentação.

Em contraste com a vigorosa energia vital desses escravos que fugiam, conforme sugerem os anúncios em que são descritos, estão as referências a doenças presentes nos reclames de venda de remédios, reclames esses que invariavelmente dividiam com aqueles anúncios as duas últimas páginas do jornal analisado.

Um elemento fundamental para o sucesso dos fármacos no mundo ocidental, que emerge com toda força exatamente no século XIX — século das máquinas —, é a estrutura de subjetividade que se consolidou nas culturas de matrizes europeias pós-descoberta do continente americano:

> Em vez de ser uma parte do mundo, o sujeito moderno vê a si mesmo como excêntrico a ele, e, em vez de se definir como uma unidade de espírito e corpo, o sujeito [...] pretende ser puramente espiritual e do gênero neutro. Esse eixo sujeito/objeto (horizontal), o confronto entre o sujeito espiritual e um mundo de objetos (que inclui o corpo do sujeito), é a primeira precondição estrutural do Início da Modernidade. (GUMBRECHT, 1998, p. 12)

Uma mente alheia ao corpo necessita de um elemento externo para que reanime essa matéria inerte, esquecida, incompreendida, maltratada. Esse desconhecimento e negligência em relação ao próprio corpo pode tornar compreensível a suscetibilidade de muitos sujeitos às promessas milagrosas dos fármacos naquele contexto. Todas as fartas menções à linguagem da ciência e ao padrão europeu, presentes em anúncios dos diversos produtos propagandeados, pareciam sugerir aos leitores que suas marcas acompanhavam o progresso. Mas de que progresso se falava? Lembremo-nos de que essas "imagens de progresso" vinculadas aos remédios, às roupas, relógios e livros, invariavelmente dividiam as páginas com anúncios de sujeitos escravizados. Como Reinhart Koselleck bem pontua, apesar de a visão de mundo do progresso ter abarcado promessas de melhorias em todas as esferas da atividade humana, já no século XIX, "a experiência dos progressos [...] realizados na ciência e na técnica contempla a constatação de que *o progresso moral e político sofre um certo retardamento*" (KOSELLECK, 2006, p. 321; ênfase adicionada).

Argumentamos que as páginas de anúncios desse jornal prenunciam o modo de configuração que as grandes cidades brasileiras foram tomando ao longo do século XX, em que produtos materiais detentores das mais avançadas tecnologias, incorporados na arquitetura urbana de certas regiões da *urbes*, convivem lado a lado com imensas extensões de onde essa modernidade planejadora escapou. A percepção naturalizada dessa desigualdade, fator que possibilitou a conformação atual das nossas metrópoles e que ainda permite sua manutenção, também está presente nas páginas dos anúncios daquele jornal produzido anos antes, no qual as referências ao refino da ciência e da Europa compartilhavam o mesmo espaço da violência de um discurso de perseguição a um indivíduo sem liberdade legal. Engano, no entanto, seria considerar que por causa disso o Brasil, tanto no século XIX quanto no XX, não teria experimentado o movimento da modernidade. Talvez devêssemos pensar melhor a respeito de como o Brasil engendrou sua modernidade.

Os atuais moradores das favelas não estão alheios às experiências da modernidade, assim como os escravos do século XIX também não estiveram. A questão é tentar conhecer as especificidades que marcaram seus modos de se integrarem aos valores e práticas envolvidos com o multifacetado processo histórico da modernidade.

Vejamos a descrição de uma apresentação de teatro em Ouro Preto:

> NOTÍCIAS DIVERSAS
> **Teatro** — Como anunciamos, teve lugar na noite de 14 a representação da comédia — Phantasma branco — pela sociedade particular.
> Correu perfeitamente o seu desempenho, sobressaindo o menino Brandão, os srs. João Vitor, Cabral e Queiroga, que fizeram os primeiros papéis. Os outros senhores também por sua compenetraram-se de seus papéis e executaram bem.
> A farsa também agradou, especialmente por não ser conhecida no teatro da capital.
> O produto dos camarotes e platés foi cedido a benefício das obras da capela de S. Francisco de Paula.
> Louvores, pois, à filantropia desses cavalheiros.
> Seria para desejar que continuassem em tão nobre, quão meritória missão.
> Seja-nos, por fim, permitido lembrar à sociedade dramática particular, que quando tiver que levar à cena qualquer peça, nomeie *um chefe de polícia, tirado dentre os sócios, afim de policiar o edifício, e evitar* que se fume no recinto do teatro, incomodando às senhoras, e *que por detrás dos camarotes se aglomerem escravos.* (*Noticiador de Minas*, n. 235, 20.09.1870, p. 3, ênfase adicionada)

Escanteados nessa notícia, assim como no teatro, nela quase podemos ver os vultos dos cativos, atentos à apresentação, esforçando-se por ouvir uma fala e outra, por acompanhar a sequência da história, por desfrutar ao máximo da beleza das vestimentas dos atores e da decoração do palco. Mesmo não estando no camarote principal, das esgueiras, esses sujeitos escravizados participavam à sua maneira daquele evento, compartilhavam com os livres daquele espaço de experiência.

Em suma, não havia como banir os escravos de vivências que eram próprias daquele tempo, mesmo que muitos senhores tenham querido fazê-lo conforme o próprio autor anônimo da notícia parecia desejar. Assim como a difusão do teatro, a valorização da cultura escrita também era uma experiência própria daquele tempo e não de uma classe. Mesmo que reconheçamos as desigualdades de condições de acesso a tais experiências, elas atingem a todos os setores sociais que compartilham uma mesma conjuntura histórica.

A FLUÊNCIA NO PORTUGUÊS FALADO COMO IMPORTANTE SÍMBOLO DE AFASTAMENTO DA ESCRAVIDÃO

Os anúncios presentes no *Noticiador de Minas* (1868-1872) indicam-nos que os senhores, no momento de descreverem seus escravos, estiveram frequentemente atentos aos diversos aspectos da fala daqueles sujeitos. Se ninguém tem o timbre de voz idêntico ao de outra pessoa, esse parecia ser de fato um bom elemento para identificar um indivíduo entre outros. Os adjetivos variavam. Benedito crioulo, fugido do Dr. José Rezende Monteiro, morador de Leopoldina (MG), teria "fala sonante e expressiva" (*Noticiador de Minas*, n. 308, 04 maio 1871, p. 3). Mas nem só o timbre de voz estava em jogo, nessas adjetivações. A valentia do escravo Salustiano era percebida pela sua fala, segundo relata seu senhor, Major Manoel Barboza Castro e Silva, de Bonfim do Pomba (MG), quando diz que, entre outras características, detinha "fala um tanto altiva" (*Noticiador de Minas*, n. 331, 08 jul. 1871, p. 4).

Menciona-se também sobre o ritmo de fala dos escravos. O escravo Florêncio, já citado neste texto, além de "muito tocador de viola e dançador" tinha também o hábito de "falar manso" (*Noticiador de Minas*, n. 24, 17 out. 1868, p. 3). Mais escravos tiveram suas falas adjetivadas por essa mesma palavra. Outros já preferiam o termo "fala descansada", conforme se refere José Rezende Monteiro a outro escravo fugido de sua fazenda em Leopoldina (MG), desta vez de nome Aurélio. De outra fazenda situada no mesmo distrito de Leopoldina (MG), fugiu o escravo

Ludovico Crioulo, de Antônio Carlos Teixeira Leite, que além de "esperto, [tinha] a fala um pouco descansada" (*Noticiador de Minas*, n. 144, 02 set. 1869, p. 4). Talvez essa associação entre esperteza e fala mansa, ou descansada, nesse último caso, sugira a existência, já naquele período, da conotação que tem atualmente: alguém de fala mansa é aquele que é habilidoso com a linguagem, que é bom na arte do convencimento. Talvez.

De toda forma, em muitos outros casos o adjetivo é mais direto no sentido de avaliar a fala dos escravos:

> Fugiu da fazenda da Conceição, pertencente ao coronel Francisco de Assis Manso da Costa Reis, um escravo crioulo de nome Joaquim Mariano, estatura ordinária, oficial de pedreiro, tem falta de dois dentes de um lado do queixo superior, nariz afilado, rosto descarnado, pouca barba, pés compridos: saiu vestido de algodão e chapéu de palha de Indaiá, *fala bem*. Quem o prender e levar ao seu Senhor na freguesia do Angu, do município da Leopoldina terá de gratificação 100$000 rs., e recolhendo em alguma cadeia terá 50$000, fazendo o necessário aviso. (*Noticiador de Minas*, n. 1, 19 ago. 1868, p. 3, ênfase adicionada)

A descrição do escravo Ludgero também conta com esse "fala bem", na sua lista de características, homem que aos seus 35 anos, fugiu da fazenda de seu senhor Antonio Gabriel Monteiro de Barros, distrito de Juiz de Fora (*Noticiador de Minas*, n. 44, 03 dez. 1868, p. 3).

Dos três escravos que fugiram da Duas Barras & Filho, Cantagalo (RJ), descritos no mesmo anúncio, um deles era o refinado Francisco, "preto alto de bonita figura, pouco corpo e pouca barba, pés bonitos porém largos, *fala pausadamente, andar moderado*, tem idade 28 a 30 anos, é tropeiro e também acostumado ao serviço de roça...". (*Noticiador de Minas*, n. 287, 14 mar. 1871, p. 3, ênfase adicionada). Já o escravo Jerônimo, de propriedade de José Fabrino de Oliveira, fugido do Brumado do Suassuhy (MG), "tinha 25 anos presumíveis, cor preta, alto, bom corpo, alguma barba, dentes sofríveis, olhos pequenos, nariz chato e grosso, *fala bem pronunciada*" (*Noticiador de Minas*, n. 146, 10 set. 1869, p. 3,ênfase adicionada).

Gilberto Freyre (1979 [1961], p. 42) afirma que "o tipo predominante de escravo que se aventurava a fugir [...] era o indivíduo de 'boa figura'" ou "o 'retórico' ou 'muito poeta no falar'". Em suas idas e vindas aos jornais do século XIX encontrou descrições de escravos como "bem falante, muito capadócio e político" (FREYRE, 1979 [1961], p. 42). Apesar de fazer menção a esse dado, o autor não oferece, no entanto, hipótese alguma para uma compreensão mais aprofundada acerca de tal recorrência, que também é bastante perceptível no periódico que analisamos. Afinal, por que o "bem falar" foi algo tão incorporado na trajetória de aprendizado, em geral informal, de tantos escravos que fugiam?

Já falamos neste texto sobre a limitadora divisão que os proprietários brasileiros do século XIX faziam em relação aos escravos. De um lado, o *ladino*, que já dominava o português e as regras de conduta ocidentalizadas, palavra cujo significado atual ainda carrega uma dimensão positivada: "indivíduo que revela inteligência, vivacidade de espírito; esperto" (*Dicionário Eletrônico Houaiss da Língua Portuguesa*, 2009); de outro, o *boçal*, que ainda hoje significa tanto "escravo que acabava de chegar da África", quanto "falto de cultura; ignorante, rude, tosco" ou "desprovido de inteligência, sensibilidade, sentimentos humanos; besta, estúpido, tapado", de acordo com a etimologia indicada pelo *Dicionário Eletrônico Houaiss da Língua Portuguesa* (2009). A associação equivocada — ou mal-intencionada — do elemento africano à falta de cultura se sustentava pelo simples fato de que os africanos chegavam ao Brasil, muitas vezes, sem saber uma palavra sequer em português. Sua não compreensão do idioma foi interpretada — ou decretada — como incapacidade de compreensão da cultura.

Se, por um lado, a manutenção das culturas africanas, com suas visões holísticas e a forte ênfase de seus ritos em movimentos corporais, aliada ao trabalho manual, parecia favorecer um bem-estar e uma exuberante energia vital aos escravos brasileiros; por outro, era responsável também por possibilitar que o sujeito participante delas fosse percebido como mais próximo do universo do boçal, sinônimo de escravidão naquela conjuntura histórica. Talvez, por isso, a boa fluência no português parecia ser uma relevante conquista para os escravos, pois isso sinalizava, de modo instantâneo, naquele contexto histórico, pelo simples falar, sua capacidade de cultura, sua capacidade de ser cultivado, sua capacidade de ser culto.

A tentativa de afastar-se da condição de escravo, de libertar-se, talvez tenha vindo acompanhada, algumas vezes, de um preço alto para os negros no Brasil oitocentista: o preço de se distanciarem de suas referências de origem, ou pelo menos que não as ostentassem. O "abrasileiramento" parecia aumentar suas chances de liberdade, seja para conseguir uma alforria, ou um melhor trabalho pelo qual pudesse pagá-la, seja para uma eventual fuga em direção a outra localidade na qual conseguisse menos suspeitosamente passar-se por alforriado. Em suma, o ladino contava com uma imagem social mais valorizada que o boçal.

Nesse sentido, percebe-se em muitos anúncios que esse bem falar também ajudava os escravos fugidos nas ocasiões em que fingiam ser pessoas de passado livre. Potencializava a capacidade de manipulação por meio da linguagem. Muitos fugitivos, ao chegarem a uma cidade distante, pareciam forjar histórias de vida alheias ao seu passado real de escravos a fim de sustentar uma posição social que até então não tinham: a de alforriados.

Outra estratégia vinculada ao uso da linguagem, que também parece ter sido comum entre os escravos fugidos, foi a mudança de nome. O escravo que se passava por forro queria, ou tinha, que afastar-se de seu passado. A mudança de nome é o grande momento simbólico em que essa *fuga do passado* ocorre. Um novo nome surge na tentativa de inaugurar outro tempo, outra realidade, outra condição, outra identidade: a de forro.

Afinal, do que os escravos fugiam? A fuga de alguns escravos pode ser a simples fuga de um espaço concreto, de uma fazenda, de uma cidade, de um estado. Pode ser a fuga de um proprietário específico. De maus tratos. Mas, na maioria das vezes, parecia se tratar da fuga de um lugar e de uma condição sociocultural. Daí que essa fuga também pode ter implicado, em alguns casos, outra fuga: numa tentativa de distanciar-se de suas próprias origens familiares, ligadas à escravidão, de um bocado de sua memória cultural constituída no contexto de cativeiro, e, portanto, de boa parte constituinte de sua própria identidade. Essa fuga não diz respeito apenas ao deslocamento geográfico de um indivíduo de um lugar para outro, mas também de uma dimensão mais profunda, da produção de *identidades em fuga*.

O RECURSO AO FATOR DE DISTINÇÃO PRESENTE NOS MOVIMENTOS DE MODA DO SÉCULO XIX

Muitas descrições de fuga de escravos destoam bastante da figurinha chapada da vinheta em preto e branco que acompanha os anúncios dos escravos fugidos nos jornais do século XIX, geralmente exibindo um negro maltrapilho carregando uma trouxa. Já falamos, anteriormente, do "bem falante" escravo Veríssimo, fugido da fazenda da Barra de São Domingos, termo da cidade do Pomba (MG), mas gostaríamos de chamar a atenção para outro aspecto relacionado a ele no anúncio de sua fuga: "*bom alfaiate, levou boa roupa*; uma camisa de flanela vermelha com abotoadura de pedra, um chapéu de lebre fino, uma foucinha e uma pistola velha" (*Noticiador de Minas*, n. 334, 18 jul. 1871, p. 4, ênfase adicionada). Além de procurar garantir sua proteção com uma foice e uma garrucha, Veríssimo também parece ter utilizado seu talento como alfaiate para se proteger de outro perigo: o de ser identificado com o mundo da escravidão, estrato do qual pretendia se distanciar, simplesmente por causa do modo de se vestir. As "roupas finas" poderiam facilitar a confusão de sua condição com a de negro alforriado ou liberto, do mesmo modo que o seu "bem falar". Assim como ele, havia muitos outros que tiveram essa preocupação em levar as tais "roupas finas".

Na verdade, a atenção desses escravos em relação às vestimentas parecia estar conectada a um movimento mais amplo pelo qual o mundo ocidental passava. As propagandas de roupas, no jornal analisado, são as únicas que chegam a ousar, mesmo que bem mais timidamente que as de remédio, na utilização de vinhetas maiores para chamar mais atenção aos seus anúncios nas páginas do periódico. O texto seguinte se repete ao longo de quase todos os anos do jornal, sempre precedido por três desenhos simples alinhados de um vestido, uma sobrecasaca e uma calça:

> ATENÇÃO
> 42-Rua S. José-42
> O abaixo assinado faz ciente a seus numerosos amigos e fregueses, que recebeu um grande sortimento de fazendas de seda, lã, linho e algodão, como sejam lãs em peças para vestidos, cortes de dita, cassas em peças e cortes, precales, roupas feitas, sendo cavours de diferentes qualidades, *sobretudos*, *sobrecasacas*, fraques, alabamas de pano, casimira, merinó, *alpaca e brins*; assim como, calçados para homens, senhoras e crianças; *chapéus dos mais modernos* idem idem; perfumaria, miudezas de armarinho, papel, ferragens, e uma *variedade de artigos que seria longo enumerar-se* num anúncio; tudo do *mais moderno e apurado gosto*.
> Espera, portanto, a concorrência de seus fregueses e protesta-lhes que os preços serão os mais razoáveis possíveis. Para as pessoas que quiserem escolher à vontade tem uma sala sobre a loja.
> Ouro Preto, 8 de dezembro de 1868. — Albino da Costa Guimarães. (*Noticiador de Minas*, n. 47, 15 dez. 1868, p. 3, ênfase adicionada)

A loja de roupas que anuncia num dos jornais mais importantes da Província, naquele período, exibe as mesmas sobrecasacas, sobretudos, alpacas, brins e chapéus que vemos os fugidos carregarem consigo. Outro elemento importante a se ressaltar nesse texto curto é a utilização do argumento do *moderno* associado a *apurado gosto* como meio de atrair clientes. A ideia de que o que é moderno é bom por si só, sem precisar de muitas explicações, indica que a estrutura mental de organização temporal via noção de progresso já estava disseminada e tacitamente aceita em interiores do Brasil, na segunda metade do XIX. Indica também que as pessoas conectavam positivamente o avanço da modernidade às mudanças no vestuário.

Os escravos, por sua vez, não estavam alheios a essa valorização das roupas que, em diferentes níveis e capacidades de consumo, afetava a todos os que experimentaram aquela conjuntura histórica determinada. Mas eles tiveram uma percepção sagaz das consequências que acompanhavam a nova organização dos grupos humanos influenciada pelos movimentos de moda a partir daquele século: os objetos e roupas utilizados estariam passando a dizer tão ou mais da condição social de um indivíduo que as próprias características fenotípicas dos sujeitos. A valorização dos objetos que compõem as vestimentas ao mesmo tempo faz parte e dá a ver o triunfo da ordem burguesa sobre o mundo das hierarquias de sangue e de nobreza, o triunfo do dinheiro sobre o sobrenome. Destaque-se que a saída da escravidão podia ser comprada com dinheiro por homens e mulheres que, na maioria das vezes, sequer tinham sobrenomes. Símbolo dessas hierarquias agora flutuantes de acordo com quem acumula mais dinheiro, as indumentárias mais do que nunca passavam a ter o poder de funcionar como convincentes mascaradas.

Não é de outra coisa que o proprietário José de Rezende Monteiro, de Leopoldina (MG), após anunciar as características de seu escravo evadido, Benedito Crioulo, de 26 a 30 anos, falava em tom de lamento:

> É natural que esteja em alguma casa como forro, ou em alguma tropa, visto haver hoje em nosso país tanta facilidade em ajustar-se qualquer indivíduo, que não apresenta *documentos pelos quais mostre sua identidade* (*Noticiador de Minas*, n. 308, 04 maio 1871, p. 3; ênfase adicionada)

As garantias de uma identidade segura já estavam esgarçadas. O argumento que se esboça, ao final deste texto, é o de que a *fuga*, empreendida por alguns sujeitos de uma antiga organização social como a escravidão, coincide e se integra a outro tipo de fuga. A fuga atrelada a um movimento mais amplo, típico da nova conjuntura dita moderna que se instaurava naquele século: a *fugacidade* das próprias identidades dos sujeitos que experimentaram tal conjuntura, sendo eles *escravos ou não*.

De tudo o que foi exposto, fica a percepção de um dilema na formação dos escravos analisados por via dos anúncios de fuga. Se, por um lado, o aprendizado das culturas africanas, com suas visões holísticas de mundo, com a centralidade das atividades corporais em seus ritos culturais, pareciam trazer benefícios significativos para a saúde e bem-estar dos escravos, por outro, os aproximavam do mundo da escravidão, da classificação de boçal.

A perseguição de aspectos culturais mais ocidentalizados por parte de muitos escravos, por outra via, também se revelava uma via de mão dupla. A fluência no português falado e a escolha de roupas finas para suas fugas indicam que muitos cativos almejavam uma proximidade com o mundo do ladino, tido como negro mais ocidentalizado, integrado à cultura brasileira. Isso tanto ampliava suas possibilidades de se passar por negro alforriado ou liberto, quanto o obrigava a afastar ou tentar esconder seu passado africano, o que sem dúvida ocasionou sérias consequências para a conformação de suas identidades.

Cumpre também salientar a constatação de uma grande falta a partir da leitura dos jornais ao longo de todo o período analisado: a ausência de anúncios de mulheres em fuga. O espaço aberto do público, do mundo externo das estradas, conforme indica nossa tese de doutorado (Cf. ZICA, 2011), também para os sujeitos que estavam na condição de escravidão — ou para os que queriam sair dela — era masculino. Isso nos leva a questionar, portanto, acerca das maneiras pelas quais as escravas se resolviam para garantir suas liberdades. Se não fugiam assim tão explicitamente quanto seus companheiros homens, de que modo faziam?

REFERÊNCIAS

AZEVEDO, Elciene. *Orfeu de Carapinha*: a trajetória de Luiz Gama na imperial cidade de São Paulo. Campinas: Ed. da Unicamp, 1999.

BENJAMIN, Walter. Paris, Capital do Século XIX. *In*: KOTHE, Flávio. *Walter Benjamin*. Rio de Janeiro: Ática, 1985. p. 30-43 [1935].

BUENO, Eduardo; TAILTELBAUM, Paula. *Vendendo Saúde:* história da propaganda de medicamentos no Brasil. Brasília: ANVISA, 2008.

CARDOSO, Fernando H. *Capitalismo e escravidão no Brasil meridional*. São Paulo: Difel, 1962.

CENTRO DE ESTUDOS AFRO-ORIENTAIS UFBA. *Projeto de Atuação Pedagógica e Capacitação de Jovens Monitores*. Salvador: Museu Afro-Brasileiro, 2006.

CHALHOUB, Sidney. *Machado de Assis:* historiador. São Paulo: Companhia das Letras, 2003.

FERNANDES, Florestan. *A integração do negro na sociedade de classes*. São Paulo: Dominus; Edusp, 1975.

FONSECA, Marcus V. A arte de construir o invisível: o negro na historiografia educacional brasileira. *Revista Brasileira de História da Educação*, São Paulo, n. 13, p. 11-50, 2007.

FONSECA, Marcus V. Educação e Escravidão: um desafio para a análise historiográfica. *Revista Brasileira de História da Educação*, São Paulo, n. 4, p. 123-144, 2002.

FREYRE, Gilberto. *O escravo nos anúncios de jornais brasileiros do século XIX*. São Paulo/ Recife: Ed. Nacional/Instituto Joaquim Nabuco de Pesquisas Sociais, 1979 [1961].

GUMBRECHT, Hans Ulrich. *A modernização dos sentidos*. São Paulo: Ed. 34, 1998.

HOUAISS, Antônio. *Dicionário Eletrônico Houaiss da Língua Portuguesa*. Ed. Objetiva Ltda., 2009.

KOSELLECK, Reinhart. *Futuro passado*: contribuição à semântica dos tempos históricos. Rio de Janeiro: Contraponto; Ed. PUC-Rio, 2006.

PAIVA, Eduardo França. De corpo fechado: gênero masculino, milícias e trânsito de culturas entre a África dos Mandingas e as Minas Gerais da América, no início do século XVIII. *In*: LIBBY, Douglas Cole; FURTADO, Júnia Ferreira (Org.). *Trabalho livre, trabalho escravo. Brasil e Europa, séculos XVIII e XIX*. São Paulo; Belo Horizonte: Annablume; PPGH-UFMG, 2006a.

PAIVA, Eduardo França. Leituras (im)possíveis: negros e mestiços leitores na Américo Portuguesa. *In*: DUTRA, Eliana Regina de Freitas; MOLLIER, Jean-Yves (Org.). *Política, Nação e Edição* – o lugar dos impressos na construção da vida política – Brasil, Europa e Américas nos séculos XVIII-XX. São Paulo; Belo Horizonte: Annablume; PPGH-UFMG, 2006b. p. 481-493.

PERES, Eliane. Sob(re) o "silêncio" das fontes... a trajetória de uma pesquisa em história da educação e o tratamento das questões étnico-raciais. *Revista Brasileira de História da Educação*, São Paulo, n. 4, p. 75-102, 2002.

SIEGA, Carson Luiz. *Capoeira, corpo, espiritualidade*: as percepções de corpo, "ethos" e visão de mundo de crianças, de dez a doze anos, praticantes de capoeira em uma Escola Municipal de Porto Alegre – um estudo de caso. Dissertação (Mestrado)–Escola Superior de Teologia, São Leopoldo, 2007.

SILVA, Adriana Maria Paulo da. A escola de Pretextato dos Passos e Silva: questões a respeito das práticas de escolarização no mundo escravista. *Revista Brasileira de História da Educação*, São Paulo, n. 4, p. 145-166, 2002.

SIMMEL, Georg. *Filosofia da moda e outros escritos*. Lisboa: Edições Texto & Grafia, 2008 [1904].

ZICA, Matheus da Cruz e. *Diversificação dos modos de ser masculino e estatização da violência masculina na escrita literária e jornalística de Bernardo Guimarães (1869-1872)*. Tese (Doutorado) – FaE, UFMG, Belo Horizonte, 2011.

WISSENBACH, Maria Cristina Cortez. Cartas, procurações, escapulários e patuás: os múltiplos significados da escrita entre escravos e forros na sociedade oitocentista brasileira. *Revista Brasileira de História da Educação*, São Paulo, n. 4, p. 103-122, 2002.

Documentos consultados

Relatórios dos Presidentes de Província de Minas Gerais

Todos os relatórios citados no texto estão disponíveis no seguinte endereço eletrônico: <http://www.crl.edu/brazil/provincial/minas_gerais>.

Relatorio que á Assembléa Legislativa Provincial de Minas Geraes apresentou no acto da abertura da sessão ordinaria de 1866 o 2.o vice-presidente, Joaquim José de Sant' Anna. Ouro Preto, Typ. de J.F. de Paula Castro, 1866.

Relatorio que á Assembléa Legislativa Provincial de Minas-Geraes apresentou no acto da abertura da sessão ordinaria de 1867, o presidente, José da Costa Machado de Souza. Ouro Preto, Typ. de J.F. de Paula Castro, 1867.

Relatorio que á Assembléa Legislativa Provincial de Minas Geraes apresentou na sessão ordinaria de 1868 o presidente da provincia, José da Costa Machado de Souza. Ouro Preto, Typ. de J.F. de Paula Castro, 1868.

Relatorio que ao Illm. e Exm. Sr. Dr. José Maria Corrêa de Sá e Benevides, presidente da província de Minas Gerais, apresentou no acto de passar a administração, em 14 de maio de 1869, o Dr. Domingos de Andrade Figueira. Ouro Preto, Typ. de J.F. de Paula Castro, 1869.

Relatorio apresentado á Assembléa Legislativa Provincial de Minas-Geraes na sessão ordinaria de 1869 pelo presidente da mesma provincia, dr. José Maria Corrêa de Sáe Benavides. Rio de Janeiro, Typ. Universal de Laemmert, 1870.

Relatorio que á Assembléa Legislativa Provincial de Minas Geraes apresentou no acto da abertura da sessão ordinaria de 1870 o vice-presidente, dr. Agostinho José Ferreira Bretas. Ouro Preto, Typographia Provincial, 1870.

Relatorio apresentado á Assembléa Legislativa da Provincia de Minas Geraes na sessão extraordinaria de 2 de março de 1871 pelo presidente, o illm. e exm. sr. doutor Antonio Luiz Affonso de Carvalho. Ouro Preto, Typ. de J.F. de Paula Castro, 1871.

Relatorio que á Assembléa Legislativa Provincial de Minas Geraes apresentou no acto da abertura da sessão ordinaria de 1871 o vice-presidente Francisco Leite da Costa Belem. Ouro Preto, Typ. de J.F. de Paula Castro, 1871.

Falla com que o illm. e exm. sr. dr. Francisco Leite da Costa Belem, 2.o vice-presidente da provincia de Minas Geraes, dirigio á Assembléa Legislativa Provincial no acto da abertura da 19.a legislatura em 17 de maio de 1872. Ouro Preto, Typ. de J.F. de Paula Castro, [n.d.]

Relatorio que á Assembléa Legislativa Provincial de Minas Geraes apresentou na sessão ordinaria de 1873 o presidente da provincia, Venancio José de Oliheira [sic] Lisboa. Ouro Preto, Typ. de J.F. de Paula Castro, 1873.

Jornais

Todas as edições do *Noticiador de Minas* se encontram no seguinte endereço eletrônico: <http://www.siaapm.cultura.mg.gov.br/> (Clicar no *link*: "Jornais Mineiros").

Noticiador de Minas. Da edição n. 01 (19.08.1868) até a última edição, n. 531 (25.01.1873).

Filantropia e educação de adultos livres, libertos e escravos na Província de Minas Gerais (1870-1880)

Vera Lúcia Nogueira

Chama-nos a atenção a recorrência com que a imprensa periódica mineira do Oitocentos colocava em circulação um grande volume de notícias exaltando as ações filantrópicas realizadas, cotidianamente, por indivíduos ou associações, mobilizando, com isso, um vocabulário comum com que destacava ora o alinhamento de tais ações às nações civilizadas, ora o sublime significado humanitário dessas práticas. Como parte do repertório de tais ações, destacam-se as iniciativas voltadas para a educação e instrução dos adultos, que é o que discutiremos neste texto.

Sabedora do poder que exercia, a imprensa realçava os atributos que distinguiam os cidadãos, entre eles o espírito de filantropia, evidenciando, com isso, o seu papel na construção, difusão e formação da opinião pública, como se pode ver neste trecho:

> [...] O que distingue um cidadão [...] o que o eleva acima de seus iguaes, são as qualidades pessoaes, a virtude, a ilustração, o patriotismo, a dedicação, a *philanthropia*, os *serviços prestados ao paiz ou à humanidade*. A opinião pública o vai procurar na sua obscuridade, o exalta e faz conhecido, respeitado de seus concidadãos [...] entendem, Senhor, que a opinião púbica não se engana, não se deixa levar por interesses reprovados, não abdicão o direito de apreciar o mérito, não o delegão ao governo, essencialmente dominado por paixões políticas...[34]

[34] Jornal *O Jequitinhonha* - Folha política, literaria e noticiosa. Diamantina, 19 dez. 1869, anno IX, n. 8, p. 2, grifos nossos. De todos os documentos da época, optamos por manter a grafia original.

Era exatamente esse o papel cumprido pela imprensa mineira: construir a direção intelectual e moral da sociedade, revelar, por meio da opinião pública, e conferir visibilidade aos beneméritos, tirando-os da obscuridade e tornando-os conhecidos. Mas, para isso, os seus atos deveriam ter uma função, reconhecida como humanitária pelo espírito público.

De igual modo, o debate acerca da filantropia repercutia, também no campo político, como na Assembleia Legislativa Provincial e nos discursos proferidos pelos deputados e presidentes da província. Tais discursos, reproduzidos em diversos jornais da época, possibilitavam a circulação das informações e a construção da opinião nos espaços coletivos, públicos ou privados, influenciando os costumes e a moral pública. Seu vocabulário se expressava nos mais variados assuntos discutidos pelo Governo.

Uma das publicações periódicas da Capital, o jornal *A Actualidade*, reproduziu os debates da sessão na qual os deputados mineiros discutiam sobre o melhor sistema a ser adotado na organização das cadeias da província. Na abertura do debate, o deputado Cornélio assim se pronunciou:

> [...] Sabem os nobres deputados que a *Europa culta*, a *Europa pensadora*, que atenta para os diversos ramos do desenvolvimento social, tem-se preocupado muito desse assumpto, tem-se reunido por diversas vezes em congressos, compostos dos homens mais notáveis na sciencia, unicamente para discutir com o maior interesse os diversos systemas — penitenciários — que vigorão no mundo. Os trabalhos existentes hoje sobre a questão penitenciária, no *mundo civilisado*, formão um dos tesouros mais notáveis do espírito pensador do século 19! A posteridade há de admirar a *philantropia* e *espírito* de *caridade* que tem animado os pensadores e publicitas deste século [...] Tem dado resultados magníficos na Inglaterra, porque a Inglaterra, como sabem os nobres deputados, é um dos países em que o *espírito* de *philantropia* mais se tem desenvolvido. O *espírito de caridade* é tal na Inglaterra, srs. que tem se fundado ali diversas associações [...][35]

Alinhando em seu discurso à filantropia como orientadora do desenvolvimento social praticado no mundo civilizado, o político mineiro destaca também a criação

[35] Jornal *A Actualidade*, n. 04, p. 2, 15 dez. 1879, grifos nossos.

de associações difusoras dessa nova ideologia. Tais práticas, derivadas das propostas iluministas, ganharam projeção, também, em Minas Gerais, em todos os âmbitos da vida social, política, econômica e cultural, destacando-se, nesse, a instrução e a educação da população pobre e analfabeta.

A partir da segunda metade do século XIX, uma das funções humanitárias das ações dos cidadãos estava relacionada à questão da escravidão e, nesse caso, a ostentação da "filantropia social", como descrita nos períodicos mineiros, fez-se também manifesta. Como destacado por Humberto Fernandes Machado (2006, p. 142), parte significativa das elites intelectuais veiculava na imprensa "ideias que exaltavam o 'progresso', a 'civilização' e a necessidade de eliminar a escravidão, responsável pelo 'atraso' do Império", assim como os resquícios da 'sociedade colonial'". Ao lado de toda sorte de publicações, exaltando ou condenando a prática da escravidão, muitos anúncios apelavam ao sentimento que agitava o "espírito público" naquele momento, sensibilizando os propriétarios no sentido de possibilitar a alforria ou manumissão dos seus escravos, como se pode ver nos anúncios seguintes:

> Acto de *beneficência* — Em o dia 20 do corrente apresentou-se na ante-sala do paço d'assemblea uma infeliz escrava que, com permissão de sua senhora, recorria à *philantropia* do público para obter recursos, e levar a efeito a liberdade de um filhinho de cinco para seis anos [...] Honra, pois, aos dignos deputados mineiros que tão bem sabem manifestar os nobres *sentimentos philantropicos* que, na actualidade, agitão o espírito público.[36]
> Philanthropia — com todo prazer publicamos a seguinte notícia que nos foi comunicada. É mais um *acto de philantropia*, que não pode passar sem louvor. O farmacêutico Marcelino Rodrigues Tito [...] deu carta de liberdade à sua escrava de nome Claudina, de cor parda, com 45 annos de idade, em remuneração aos seus serviços prestados e ter-lhe criado oito filhos [...].[37]

Essa campanha atravessou a vida cotidiana da Província sempre com destaque na imprensa, como se pode ver nas páginas desse mesmo periódico, anos depois, ao noticiar a ação de um cidadão, conhecido na Província, relativa à manumissão: "[...] foi libertada uma escrava pelo nosso respeitável e presado amigo, Exm. Barão de

[36] Jornal *Diário de Minas*, n. 365, p. 2, 1867, grifos nossos.

[37] Jornal *A Província de Minas*, 037, p. 2, 1880, grifos nossos.

Congonhas do Campo. Registramos com sincero prazer estes actos de *philantropia e caridade*".[38]

Para além das questões ligadas à escravidão, os discursos sobre e a prática da filantropia também permeavam os domínios da Administração Pública, bem como o espaço da vida privada, das mais variadas formas. Sobre a primeira, matéria intitulada "Publicação Official", estampada na primeira página de um jornal da Capital da província, divulgou o ato de filantropia dos cidadãos major Joaquim Eloy Mendes e Manoel Rodrigues Bueno, que concediam ao Governo a escritura de um terreno e a quantia de um conto e quinhentos mil réis, para construção de um edifício para as escolas de instrução primária, da freguesia da Mutuca. O texto, assinado pelo inspetor do 18° círculo literário, Cândido Ignácio Ferreira Lopes, finda com a seguinte recomendação: "Rogo à V. Exc. que se digne de mandar dar a taes documentos a *devida publicidade*, afim de se despertar nas demais parochias da província o *patriotismo e filantropia* de seus habitantes".[39] Divulgar e produzir o acontecimento pelo exemplo a ser seguido; agia assim a imprensa; como em outra matéria intitulada "Publicações a pedido":

> Ilmo. Sr. — A Câmara municipal da Villa de Queluz, sciente da generosa oferta de v.s. da quantia de quatrocentos mil réis para coadjuvação do aqueduto e chafariz de agua potável que empreende levantar nesta villa para abastecimento da mesma, vem agradecer a v. s. a mesma oferta que é tomada na devida consideração, tanto mais por não ser v. s. morador deste termo, cujo acto de *benevolência*, e *filantropia* a *câmara fará chegar* ao conhecimento dos seus munícipes, e especialmente dos habitantes desta villa aos quaes com especialidade é dedicado o benefício por v. s. prestado. Deos guarde a v.s. Paço da câmara municipal de Queluz em sessão ordinária de 7 de abril de 1856. Ilmo. Sr. Manoel Lourenço Baeta Neves. Joaquim Lourenço Baeta Neves — presidente — José Dias de Souza — secretário.[40]

Quanto à dimensão privada, o "Agradecimento" seguinte nos permite compreender, ainda mais, a força do discurso da filantropia como elemento de construção de uma identidade social, reconhecidamente valorizada na sociedade oitocentista:

[38] Jornal *A Província de Minas*, n. 246, p. 2, 1885, grifos nossos.

[39] Jornal *Diário de Minas*, Ouro Preto, anno I, n. 83, p. 1, 30 maio 1873, grifos nossos.

[40] Jornal *Correio Official* de Minas, n. 122, p. 3, 1856.

> Sirvo-me da imprensa com o fim de cumprir o sagrado dever de testemunhar minha imorredoura gratidão para com o todo ilustrado e humanitário povo da Cachoeira do Campo e especialmente para com os Ilms. Srs. Revms. Padres Affonso Martins Sampaio e Manoel Maria e Francisco Ferreira de Assis, bem como a distincta corporação musical, por esse dignamente dirigida [...]. É-me igualmente imperioso o dever de agradecer do íntimo de minha alma ao meu digno compadre [...] à cuja *caridade e sentimentos de philantropia*, que tanto o distinguem, devo o desempenho de todos os misteres para o enterramento de minha filha e sua afilhada, o que tudo fez gratuita e voluntariamente [...][41]

A presença notória do discurso da filantropia na imprensa mineira, reportando a ações de natureza diversa, instigou-nos a buscar melhor compreendê-la. O que percebemos é que tais ações não se constituíam, na verdade, novidade ou privilégio da realidade brasileira. No contexto norte-americano, por exemplo, Anne Monier (2013) destaca, a partir dos estudos de Olivier Zunz, o surgimento da filantropia, no seu sentido moderno, ao final do século XIX, ligada à reconciliação do país, logo após a guerra civil ou Guerra de Secessão (1861 a 1865), quando, amparados por uma reforma do quadro jurídico, os grandes filantropos reformadores passaram a se constituir como responsáveis pela reunificação e progresso nacional.[42] Com esse sentido, a filantropia moderna, diferindo da caridade tradicional, promoveu naquele momento histórico uma dupla ruptura: por um lado, ela não visava mais ao alívio temporário aos pobres, todavia, mobilizava soluções mais duradouras para os problemas sociais, lançando mão da investigação, da denúncia e do combate, em especial, de suas causas; por outro, ela se voltava para a construção do bem-estar e do progresso moral da humanidade.[43]

---

[41] Jornal *A Província de Minas*, n. 231, p. 3, 1884, grifos nossos.

[42] Segundo Monier (2013), no contexto americano, a historiografia marca, entretanto, o nascimento da filantropia moderna no início do século XX, com as ações de dois grandes filantropos criadores das primeiras grandes Fundações de interesse geral: Andrew Carnegie e John D. Rockefeller.

[43] Nesse contexto, realizam-se alianças colaborativas entre reformadores e filantropos, que disponibilizam suas fortunas como importante recurso público para o progresso social. Com isso, o papel do Estado foi o de acompanhar, definir e regular o desenvolvimento desse tipo de ação, proibindo, por exemplo, a participação da filantropia na política partidária e autorizando sua atuação, em especial, no campo da educação, como nova forma de ativismo (MONIER, 2013).

Maria da Conceição Meireles Pereira (2004) destaca a distinção entre o sentimento de caridade e de filantropia, na produção do Oitocentos, na sociedade europeia, evidenciando as transformações operadas pelas Luzes no sentimento de caridade. Tais transformações llevaram-na a se afastar "da piedade tradicional e da comoção religiosa profunda", como prescrita no Evangelho, para se desenvolver de "forma cívica e secular", dando origem a um novo sentimento, social e coletivo, e ação justificados à luz da utilidade pública (PEREIRA, 2004, p. 832). Essa mudança é uma das consequências do deslocamento da finalidade das ações humanas, promovidas pelo espírito iluminista, que não se volta mais para o céu visando a Deus, mas desce à terra dirigindo-se à humanidade, daí a sua característica humanista ou antropocêntrica.

Sabine Rozier (*apud* PERETZ, 2012, p. 7), ao comentar a distinção entre a filantropia americana e a francesa, ressalta que, na França, como legado dos ideais revolucionários e republicanos, o sentido da filantropia não é o de caridade, mas, sim, o de solidariedade, no qual se reconhece a adesão de todos a um mundo de indivíduos livres e iguais.[44] Marco Morel (2005), refletindo com Maurice David (1992), analisa a distinção entre a filantropia, a caridade e a fraternidade, no contexto da França revolucionária, reconhecendo que:

> a filantropia é distinta tanto da tradicional prática da caridade cristã quanto da fraternidade revolucionária. A Filantropia, tocada pelo espírito das Luzes, era o movimento dos que podiam ajudar (os ativos) em direção aos percebidos como despossuídos (passivos). A filantropia, também identificada como beneficência, era uma forma de expansão da civilização ocidental e, ao mesmo tempo, um meio eficaz de criar redes de poder e laços de clientela (MOREL, 2005, p. 221-222)

Assim, "a ideia de civilizar e disciplinar estava diretamente relacionada com a redefinição de percepções sociais a respeito da 'caridade', da 'pobreza' e da 'mendicância'" (GONDRA; SCHUELER, 2008, p. 75). Tais considerações ajudam a compreender

[44] Nicolas Guilhot destaca que há distinção entre o surgimento da solidariedade nos dois países. No contexto norte-americano, a filantropia assumiu um caráter mais sólido, popular e mais capilarizado pela sociedade, com práticas variadas e difusas constitutivas dos vínculos sociais e compatíveis com outras formas mais fortes de solidariedade. A filantropia privada assumiu a forma de doação, de voluntariado ou benevolência. No contexto americano, a ênfase era à filantropia privada e no francês estaria mais ligada à ideia de justiça social, distributiva, sujeita a normas e transferência social (Apud PERETZ, 2012, p. 5).

o sentido das ações que reverberavam nas páginas dos jornais mineiros quando os beneméritos cidadãos — ativos — dirigiam-se às pessoas despossuídas de recursos financeiros, ou desprotegidas da fortuna, das letras e de poder, para acudi-las, transformá-las e, bem assim, transformar a sociedade.

No âmbito da instrução pública mineira, Rita Lages (2013) analisou a presença e o sentido da filantropia nos discursos dos presidentes da província e constatou que eles "se referiram textualmente ao termo filantropia como recurso de auxílio financeiro à educação", como praticado nos países considerados mais avançados, especificamente, Alemanha e Estados Unidos, para a causa da expansão da instrução primária para todas as classes. Além disso, a autora constatou que tanto quanto relacionada aos auxílios financeiros, a filantropia também estava associada a outros atos: "como a criação de fundos escolares, de caixas econômicas escolares ou de impostos específicos", evidenciados também "como estratégia para a difusão e bom funcionamento da instrução em todos os seus aspectos" (2013, p. 180).

Também imbuídas do propósito de civilizar a população, por meio da difusão da cultura escrita e disseminação das luzes, como nos países avançados, no âmbito das ações desenvolvidas nos espaços coletivos, destacam-se as associações ou sociedades políticas, literárias e filantrópicas, consideradas uma das forças mais atuantes que surgiram no interior da sociedade civil com tais objetivos, como demonstrou Marcilaine Soares Inácio (2010). Nesse sentido, na pedagogia, conforme destaca Marco Morel, o "terreno comum com a beneficência" era o de "levar as Luzes do saber para os que não possuíssem, retomando, pela via da instrução, a incorporação de setores da população aos costumes, ideias e ao progresso civilizatório, bem como a formação de mão de obra" (2005, p. 221). Consoante tais ideias,

> a partir de meados do século XIX, a filantropia moderna questionava as práticas caritativas, demonstrando a necessidade de intervir nos hábitos e comportamentos das classes populares –, por meio de campanhas educativas nas quais se exaltavam princípios como a positividade do trabalho, do modelo familiar nuclear, da economia, da moralidade e da religião. (GONDRA; SCHUELER, 2008, p. 75)

Tais apelos constaram dos discursos que circularam no país no Oitocentos, reverberando, por conseguinte, na província mineira. Percebe-se que tais discursos, ancorados na "emergência dos ideais da democracia e da igualdade de direitos, deveres e oportunidades, tornaram mais evidente a necessidade de um investimento concentrado numa oferta educativa, para pessoas adultas", mobilizando para isso diversos atores sociais, entre os quais os cidadãos letrados e aqueles que se organizaram em associações de caráter filantrópico, como em Minas Gerais (ALCOFORADO; FERREIRA, 2011, p. 8)

FILANTROPIA E EDUCAÇÃO DE ADULTOS – A ATUAÇÃO DOS BENEMÉRITOS CIDADÃOS EM MINAS

A partir da década de 1870, é notório o interesse que se manifestou em relação à difusão do ensino elementar por todo o país, com especial atenção à forte presença de particulares e de associações civis na criação e manutenção de aulas noturnas para um público comum em todas as províncias onde essas foram criadas: homens adultos, livres, libertos e escravos (NOGUEIRA, 2014). Uma das justificativas para o aumento dessas iniciativas pode ser aventada como sendo uma resposta aos reclamos do Imperador, D. Pedro II que, finda a Guerra contra o Paraguai,[45] voltou-se para os problemas internos do Império e alertou a elite política para a necessidade de se investir na disseminação das escolas para o povo, de modo a acompanhar a marcha da civilização da nações, processo que esteve paralisado ao longo do conflito (MAcCORD, 2010). Exigência reiterada na avaliação do Ministro do Império, João Alfredo Corrêa de Oliveira, em 1870:

> Não temos infelizmente acompanhado o grande movimento da civilização moderna em relação à instrucção pública. Quase estacionária tem-se esta conservado entre nós, ao passo que se empenham todos os esforços e nenhum sacrifício se poupa para dar-lhe o mais amplo desenvolvimento nos paízes onde se tem comprehendido toda a sua importância, refletindo-se que ela não só eleva o indivíduo pelo aperfeiçoamento de suas faculdades moraes, como é o mais poderoso elemento de engrandecimento e prosperidade nacional, e condição essencial do exercício regular das instituições livres. (BRASIL, 1870, p. 9)

[45] Estamos nos referindo à Guerra do Paraguai também, conhecida como guerra da Tríplice Aliança (Brasil, Argentina e Uruguai) contra o Paraguai, que ocorreu no período de 1865 a 1870.

A importância da instrução pública como elemento civilizatório e necessário ao desenvolvimento do país pode ser mais bem compreendida se levarmos em conta que a "estatística intelectual", de 1872, informava que em todo o Império, em uma população livre de 1.563.078, apenas 18,6% sabiam ler, excluindo-se a população abaixo de cinco anos, o percentual de analfabetos chegava a 77,4% da população (CHALHOUB, 2012, p. 45-46).

Outro fator importante para se considerar no incremento das iniciativas de educação e instrução dos adultos está relacionado com a presença da luta emancipacionista e abolicionista nas diversas províncias do país, envolvendo pessoas e instituições que lutavam pelo fim eminente da escravatura e pela necessidade de se preparar a população para as novas relações sociais e de trabalho. Os debates sobre essa questão "ecoaram, em todo o Império, tanto nos projetos de reforma educacional quanto no incremento das iniciativas da sociedade em prol da instrução pública" (GONDRA; SCHUELER, 2008, p. 75).

O aumento do contingente de indivíduos livres e libertos demandava a construção de novos projetos de controle social para os quais a educação, em sua face escolar ou não, se colocava como importante elemento. No que se refere especificamente à instrução, em meio a esses debates, destaca-se a medida do Governo Imperial, por meio do Decreto de nº 7031-A, de 1878, que determinou a criação de cursos noturnos para adultos analfabetos nas escolas públicas de instrução primária da Corte. Ao relatar as ações do Ministério dos Negócios do Império, Carlos Leôncio de Carvalho argumentou, destacando que viriam a "preencher uma lacuna há muito sentida na organização do ensino elementar", sobre a qual não poderia haver opiniões divergentes, afinal:

> no seio dos povos livres nada há de tão digno de compaixão como o adulto analfabeto, isto é, o homem que, adiantado na vida física, mas completamente alheio às evoluções da vida moral, está separado da comunhão social pelo negro abismo da ignorância. Sabemos todos que a magna aspiração das sociedades modernas consiste principalmente em alargar, quanto possível, o círculo de seus associados, pela igualdade no exercício dos direitos e no cumprimento dos deveres. Como, porém, realizar tão nobre aspiração, sem que a noção d'esses direitos e deveres haja penetrado mais ou menos profundamente a consciência e a razão de todos? Como garantir um direito a quem não saber exercer, e impor uma obrigação a quem não

> pode cumprir? Foi atendendo a estas considerações que empreendi e levei a efeito a criação dos mencionados cursos. (BRASIL, 1871, p. 62)

O apelo à compaixão pelo adulto analfabeto parece ter, de fato, mobilizado os ilustrados nas mais variadas províncias do país, que, mobilizando o vocabulário da filantropia iluminista, investiram na criação de aulas noturnas, derramando as luzes aos desfavorecidos da fortuna, que viviam no "negro abismo da ignorância". Essas ideias permeavam o pensamento da intelectualidade brasileira que se dedicava a alçar o país no rol das nações civilizadas tendo como horizonte o ideário da modernidade europeia e norte-americana. Desse ideário também faziam parte o trabalho livre, o progresso industrial e tecnológico, o aperfeiçoamento das instituições, o crescimento e urbanização das cidades e a aquisição de direitos civis e políticos, entre outros (CHALHOUB, 2012).

Embora a política educacional da Corte servisse de modelo para as demais províncias do país, vários estudos têm mostrado que diversas iniciativas destinadas à instrução de adultos já ocorriam nas províncias antes mesmo da publicação do Decreto de Leôncio de Carvalho.[46] Tais iniciativas eram desenvolvidas por associações literárias, propagadoras da instrução, filantrópicas, pela maçonaria ou por grupos religiosos, além de professores particulares que se identificavam com a prática da benemerência. O objetivo central dessas associações e agremiações era a educação e a instrução da população pobre por meio da difusão das luzes e da civilização. Essas iniciativas se sobressaem, sobretudo após a Independência do Brasil, alcançando maior número de adeptos nas décadas finais do Império. O estudo da difusão das luzes aos adultos por intermédio das aulas noturnas não pode prescindir dessa compreensão, pois foi da ação de beneméritos, seja individualmente ou como membro de associações literárias e propagadoras da instrução pública, que surgiram as diversas iniciativas voltadas a esses sujeitos, principalmente a partir da segunda metade do século XIX.

Entendida como parte de ações estatais e privadas, a instrução e educação dos adultos, promovida por escolas ou aulas noturnas, ganhou visibilidade nas páginas da imprensa mineira, embora essas iniciativas não fossem prerrogativa somente de

[46] Ver, por exemplo: Nogueira (2014), Silva (2011), Villa e Miguel (2009), Costa (2007), Abreu (2006), Ananias (2000), Martinez (1997).

Minas, como os próprios jornais de outras províncias nos mostram — por meio de anúncios que ofertavam aulas de primeiras letras, de desenho, de línguas estrangeiras, de aritmética, de comércio etc.. Aulas ministradas em diferentes espaços, tais como a casa do professor, bibliotecas, teatros, escolas, salão paroquial, ou sala de alguma sociedade filantrópica ou literária. Algumas iniciativas eram descontínuas e outras duradouras, voltadas para o público adulto livre, liberto, escravo, ou, em alguns casos, para as crianças pobres, ingênuas ou libertas.

No âmbito das ações estatais, entrando no mesmo ritmo que animou a criação de aulas noturnas em várias partes do país, a partir de 1870, a província mineira, assim como várias outras, demarcou a sua atuação com os adultos a partir do Regulamento nº 62 de 11 de abril de 1872. As aulas noturnas deveriam ser criadas, não somente na capital, Ouro Preto, como também em cada sede de comarca, exigindo-se a frequência de 20 e de 15 alunos, respectivamente. Ao inspetor geral, com aprovação do Presidente, competia a designação dos professores, que perceberiam uma gratificação de 300$000, na Capital, e de 200$000, nas outras cidades. A matrícula se reservava às pessoas maiores de 15 anos, com duas exceções, explicitadas no art. 175: 1ª) "se os pais, pela sua muita pobreza, não poderem prescindir do trabalho dos filhos no tempo em que funcionam as aulas diurnas"; 2ª) "se forem irmãos, sobrinhos ou filhos dos adultos que frequentam o curso noturno". A matrícula de escravos não aparece como restrição nas escolas noturnas, entretanto, considerando as condições gerais, o Regulamento, em seu art. 74, impedia a matrícula à criança na condição de não livre, bem como à não vacinada ou com doença contagiosa, preexistente ou adquirida no decorrer das aulas. Nesse último caso, a criança seria "prontamente despedida", e, caso a doença fosse curada, poderia ser readmitida. A inadvertência quanto à matrícula de escravos nas escolas noturnas nos induz a pensar que não haveria nenhuma restrição ao acesso, mesmo porque as escolas noturnas destinavam-se aos adultos e o Regulamento se referia à criança.

No ano seguinte à publicação do Regulamento nº 62, o inspetor geral interino, Antônio de Assis Martins, alertava ao então presidente, Venâncio José de Oliveira Lisboa, sobre o desconhecimento da situação das aulas para adultos na Província, ressaltando, no entanto, a preeminência da atuação das sociedades:

> as aulas noturnas de que tenho conhecimento, posto que a respeito de todas não tenha obtido informações oficiais, são as do Ouro Preto, criada e mantida pela Sociedade Propagadora da Instrução, que ainda tem alguma

> frequência; da Campanha, e de Lavras, instaladas sob os cuidados da Sociedade Protetora da Instrução; de Três Pontas e de Sabará também fundadas por uma sociedade. (RELATÓRIO..., 1873, p. 22)[47]

Na verdade, o que o Presidente constatou foi a presença marcante das associações na instrução dos adultos, visto que fundar uma associação, em cujos propósitos estivessem a criação e manutenção de aulas noturnas para esses sujeitos não era novidade na Província mineira. A ação das aludidas associações também ganhou o espaço público por meio da imprensa periódica. No caso da festa de inauguração do gabinete de leitura e da aula noturna de Ouro Preto, ganharam a devida publicidade os atos filantrópicos dos cidadãos envolvidos, como divulgado no jornal *Noticiador de Minas*, em 25 de março de 1872.[48] O evento deu visibilidade à grande mobilização da sociedade ouro-pretana em prol da instrução dos adultos e do apoio do Presidente da Província, Dr. Joaquim Pires Machado Portela. Sob a responsabilidade do presidente da Sociedade, professor Delfino Clemente Dias Bicalho,[49] essa aula era subsidiada pelo Governo, com o valor de 2:000$000, assim distribuídos:

> §1º A quantia de 800$réis lhe será entregue como remuneração de efetivo exercício nessa escola por espaço de 16 meses, a contar de abril de 1872 a outubro último. §2º A de 1:200$, em prestações mensais, apresentando este professor atestado do presidente da Sociedade Propagadora, com o qual prove que durante o mês funcionarão as aulas de 1ªs letras, aritmética e gramática portuguesa". (MINAS GERAIS, 1873, p. 186)[50]

Também circularam no *Almanach Sul-Mineiro*, da cidade de Campanha, notícias sobre a aula noturna de Lavras, reportada por Venâncio Lisboa, criada em 18 de maio de 1873, quando também se inaugurou a Associação Propagadora da Instrução. A partir do ano seguinte, 1874, foram publicadas notícias relativas à inauguração de aulas noturnas em diversas cidades mineiras. Um desses casos é a

[47] Relatorio que á Assembléa Legislativa Provincial de Minas Geraes apresentou na sessão ordinaria de 1873 o presidente da província, Venancio José de Oliveira. Lisboa. Ouro Preto, Typ. de J.F. de Paula Castro, 1873.

[48] *Jornal Noticiador de Minas*: órgão conservador, anno V, n. 415, p. 2.

[49] *Jornal Noticiador de Minas*: órgão conservador, anno V, n. 415, p. 2.

[50] Conforme a Lei nº 2.051, de 3 de dezembro de 1873.

publicação, no *Almanach Sul-Mineiro*, de Boa Esperança, do anúncio da criação de uma aula, com matrícula de quarenta adultos, pela Sociedade Proctetora da Infância Desvalida, cujo presidente e professor era o cônego Bernardo Hygino D. Coelho.[51] Também a aula noturna particular da cidade de Três Pontas, que funcionava no Colégio do Rvm. Vigário Francisco de Paula Victor, havia merecido a atenção do noticioso, nesse mesmo ano.[52]

Outra iniciativa digna de destaque na imprensa periódica foi a aula noturna da cidade de Campanha, também mencionada por Venâncio Lisboa, que estava aos cuidados do professor particular Zeferino Dias Ferras da Luz, que também ministrava aulas de instrução moral e religiosa para os presos da cadeia pública da mesma cidade, no ano de 1874. A aula particular era "frequentada quase que exclusivamente por escravos" e seus dados constam do Relatório da Instrução Pública, reproduzidos no jornal, como "escola noturna para pretos".[53] Essa é uma das raras vezes em que foi possível constatar referência à presença dos escravos e dos negros em uma escola noturna a partir de um registro oficial, pois nos documentos encontrados não há preocupação com a discriminação étnico-racial dos alunos. Entretanto, embora, os dados não apresentem essa informação, por inferência, é plausível considerar que a maior parte dos alunos dessas escolas fosse negra, isso porque, conforme estudos de Fonseca (2007), a população da Província mineira do século XIX era constituída majoritariamente por pessoas negras.

Ainda que o Relatório do Inspetor Geral da Instrução não tenha computado, na cidade de Baependy, juntamente com três escolas particulares para meninas, havia uma aula noturna, mantida pelo Club Dramático Baependiano, frequentada por 40 alunos.[54] O propósito iluminista de seus fundadores, os professores Amaro Carlos Nogueira, Eduardo Rodrigues Vianna e a Sra. Thomazia Maria de Jesus, era explícito, como destacou o jornal, afinal: "não se abandona, pois, ali à ignorância a geração que surge, e isto dá a conhecer o grau de civilização desta terra, que, entretanto não tem prosperado nestes últimos tempos".[55]

[51] *Almanach Sul-Mineiro* – Organizado e dirigido por Bernardo Saturnino da Veiga, p. 214, 1874.

[52] *Almanach Sul-Mineiro*, 1874. Ed. 0001, p. 168.

[53] *Almanach Sul Mineiro*, 1874. Ed 0001, p. 57.

[54] *Almanach Sul-Mineiro*, 1874. Ed. 0001, p. 396.

[55] *Almanach Sul-Mineiro*, 1884. Ed. 119, p. 3.

Além da difusão e circulação nos jornais mineiros, as iniciativas de particulares, consideradas dignas de louvor, também eram legitimadas pela administração pública, como o que ocorreu na sessão do dia 28 de janeiro de 1874, na Câmara da cidade de Rio Novo, transcrita no *Diário de Minas*, na capital da província mineira, Ouro Preto:

> [...] à Câmara Municipal do Rio Novo, recomendando que, em nome do governo, louve o cidadão Cândido Álvaro de Noronha Lima por ter criado em seu colégio de instrução primária e secundária, aulas noturnas gratuitas, destinadas aos adultos, e oferecido no mesmo dois lugares para meninos filhos de viúvas pobres, designados pela Câmara, afim de serem educados gratuitamente. Extrato do expediente do mês de janeiro de 1874, dia 28. (n. 256, p. 2)

Segundo Ana Luiza Jesus da Costa (2007; 2011), a ação privada da elite benemérita da Corte, dirigente de associações filantrópicas, pode ser entendida como uma dádiva que via nessas ações uma forma de alcançar *status* e reconhecimento social. Esse mesmo raciocínio pode ser aplicado aos beneméritos mineiros cuja ação se assemelhava às dos contemporâneos cariocas.

A competência da imprensa em fazer circular as notícias, conferir visibilidade e lustrar os brios da elite mineira pode ser mensurada neste longo trecho que corrobora a ideia de que as práticas filantrópicas percorriam a província, circulando num espaço simbólico de construção de poder e de prestígio social:

> Li no *Itamonte* n. 8, sob a epígrafe — aula noturna —, algumas linhas, que honram meu insignificante nome, pelo pouco que tenho prestado a diversas pessoas d'esta capital, instruindo-as como permite o diminuto tempo de que disponho, e proporciona minha inteligência e escassez de meus conhecimentos. Conheço a pequenez do meu serviço, pelo qual não me cabe gloria alguma, visto que tenho sido suficientemente remunerado pelos cofres da província. Beijo as mãos do ilustre cavalheiro, que se dignou de *fazer-me conhecido perante a província*, e agradeço-lhe ter dispensado a meu favor títulos, a que minha consciência diz, não tenho direito de aceitá-los. É verdade que a aula noturna d'esta capital, fundada pela sociedade propagadora, existe sob a minha regência, e que, os que a ela frequentam, têm colhido algum fruto. Porém, *fiat justitia*, a grinalda,

> os louros, somente pertencem ao distinto vice-presidente dessa sociedade, coronel Francisco Teixeira Amaral.
> A este cavalheiro tudo se deve, por que sustenta ele esta instituição, já com sua assistência e ainda, com sua bolsa, adiantando quantias, sempre que a terrível crise que atravessamos vem afeta-la na questão monetária. É portanto, o sr. Coronel Francisco Teixeira Amaral digno do nosso reconhecimento e da atenção do Exmo. Ministério da Agricultura, visto ser as aulas noturnas uma fonte de instrução para a classe agrícola e mecânica, até o presente tão pouco considerada. Delfino Clemente Dias Bicalho.[56]

Sob o título "Aula noturna de Ouro Preto", a matéria fazia referência aos elogios recebidos pelo professor Delfino, publicados em jornal de outra cidade, em função de sua atuação na escola da Sociedade Propagadora. Entretanto, como parte do jogo político das elites, o professor destaca, "justiça seja feita", os créditos pelo empenho do vice-presidente da Associação. Como as boas ações circulavam em meio às elites letradas mineiras, o *Diário de Minas*[57] reproduziu, também, do jornal *O Povo*, da cidade de Terra Branca, a seguinte notícia, a 14 de abril de 1875:

> por iniciativa dos cidadãos Antero Rodrigues Prates e Honorato Caetano de Souza (atual professor), trata-se de estabelecer n'este lugar uma aula noturna de instrução primária, para os adultos. O dito professor, desejoso de prestar mais um serviço à causa pública, oferece-se gratuitamente para tomar sobre si o pesado encargo da direção da aula, e trata de obter do Exmo. Governo a necessária permissão. Visto em nada prejudicar o serviço público, esperamos que o Exmo. Governo nos coadjuve com seu assentimento.

Para abertura de aulas particulares — prestar um serviço à causa pública — era necessária a autorização do Governo da província, fato esse que, quase sempre, ocorria seguido de menções de louvor, como pode se ver:

> Na Secção Official do Governo da Província, extrato do expediente do dia 20 de setembro de 1883: Mandando louvar em nome da presidência ao

[56] Publicado no jornal *Diário de Minas*, ed. 273, p. 3-4, 1874, na cidade de Ouro Preto.

[57] Edição n. 545, p. 4, 1875.

> professor público da freguesia de Porto Bello, Hyppolito Cassiano Rebello, por ter instalado uma aula nocturna gratuita para adultos, cuja frequência já atinge 17 alumnos.[58]
> Parte Official. Inspectoria geral da instrucção pública. Expediente do mês de junho de 1874. [...] ao inspector da comarca de Queluz, transmittindo, por cópia, o officio, em que a Exmª Presidencia manda louvar o cidadão Marianno José de Souza por ter aberto na cidade do Bonfim uma escola nocturna de 1ªs letras para a classe menos favorecida da fortuna.[59]

Atitudes como essas reiteram o caráter de voluntariedade que acompanhava as iniciativas dos particulares na instrução de adultos. De um modo geral, podemos dizer que tais ações convergiam, nos campos semântico e político, para um conjunto muito maior que considerava a instrução primária a "primeira condição de liberdade dos povos, o "pão do espírito", a "necessidade mais urgente e palpitante" da sociedade mineira, ou em síntese: "a pedra de toque da civilização dos povos", como se expressou o deputado mineiro Ferreira e Costa, durante sessão na Assembleia Legislativa.[60]

No ano de 1879, a província mineira instituiu novo Regulamento, de nº 84, de 21 de março, facultando a criação de escolas dominicais, além das noturnas para adultos, nas cidades mais populosas. Nessas, somente seriam aceitos maiores de quinze anos, mantendo, porém, as duas exceções já vistas, anteriormente. Enquanto as escolas públicas sofriam o constrangimento dos regulamentos e leis, os professores particulares gozavam de maior liberdade na oferta das aulas noturnas, devendo, apenas, prestar informações acerca do funcionamento de suas escolas e agir com moralidade. As iniciativas particulares iam desde a oferta de ensino elementar ao ensino secundário, de línguas e de outras matérias avulsas. A exemplo, destaca-se o ensino da língua italiana ofertado pelo Dr. Luigi Zerbinato, nas terças e sextas-feiras, das 7 às 9 da noite, em Ouro Preto.[61] Em anúncio no jornal *Pharol*, de Juiz de Fora, em 29 de maio de 1883, ofereciam-se aulas noturnas de francês e desenho (linear, paisagens etc.) e caligrafia a 5$000 mensais (ed. 60, p. 3).

---

[58] Jornal *A Regeneração Orgam Democrático*, Desterro, anno XV, n. 111, p. 1, sabbado, 22 set. 1883.

[59] Jornal *Diário de Minas*, anno II, n. 295, p. 1, 31 jul. 1874.

[60] Jornal *A Actualidade*, n. 104, p. 3, 1878.

[61] Jornal *Dezesseis de Julho*: orgão conservador (1858 a 1860). Ouro Preto, ed. n. 42, p. 3. Disponível em: <http://memoria.bn.br/hdb/periodico.aspx1858 a 1860>.

Nos anos 80 do Oitocentos, inúmeras iniciativas constaram das páginas da imprensa mineira, como a iniciativa particular, aprovada pela Câmara Municipal de Leopoldina, do professor Antônio Francisco A. Góes, oferecendo-se para criar uma aula noturna para adultos e menores:

> A ideia do distinto professor foi grandíloqua, assim fosse acoroçoado pela população como foi em outras cidades, como a Corte do Império. Sentimos, sobremodo, que funcionando essa aula desde o 1º deste mês, só seja frequentada por quatro adultos, porém não é de admirar, porque tudo quanto diz progresso moral e material deste lugar tem sempre o cunho de indiferentismo [...] Certamente, que se não fosse uma decidida vocação, o amor da instrução, não tomaria ele sobre si semelhante ônus. Nós, conhecedores das sinceras intenções do ilustre prof. A. Góes, fazemos votos para que o seu *desideratum* seja coroado de feliz resultado, e que faça de analfabetos sair homens úteis e verdadeiros cidadãos. *Fiat luz,* apareça a luz e essa que seja vivificante. É o que desejamos.[62]

Embora a iniciativa não houvesse alcançado o êxito desejado, esse trecho é revelador do sentido e da importância atribuídos ao papel da instrução dos adultos pelos ilustrados mineiros que, ressentidos da pouca repercussão das aulas, compararam o seu desenvolvimento com o de outras cidades. A metáfora da luz, representativa do papel ilustrador do professor, nos permite compreender o significado de iniciativas como essas: de transformação de comportamentos, atitudes e valores indispensáveis ao progresso moral e material da sociedade. Nesse caso, a função da escola noturna seria fazer de "analfabetos sair homens úteis e verdadeiros cidadãos", entretanto, as observações do jornal nos permitem também inferir que, embora persistisse tal desejo, esse não era compartilhado pela população daquela cidade, embora fosse esta a função das Luzes!

Também digno de louvor foi o gesto de filantropia *post mortem* da condessa da cidade de Rio Novo, assim publicado:

> Diz o *Provinciano*, da Parayba do Sul, que os srs. Júlio de Oliveira e Antônio Luiz Alves vão estabelecer uma aula nocturna na fazenda da finada con-

[62] *O Leopoldinense*, n. 0038, 1882.

> dessa do Rio Novo, afim de educar e instruir aos libertos pelo testamento da mesma senhora. Desse modo aquelles *beneméritos cidadãos* completarão a obra de libertação que recordará para sempre o nome respeitável da virtuosa condessa do Rio Novo.[63]

Semelhante ato de caridade fora a iniciativa do Barão do Rio das Velhas, que instalou na Fazenda Bom Jardim, município de Santa Luzia, uma escola regida pelo cidadão Manoel Luís Mendes, em 14 de julho de 1883, "em favor de 24 ingênuos filhos de seus escravos".[64] Na capital da província, um dos periódicos locais publicou uma nota de um ilustrado mineiro, na qual ele comenta sobre a benemérita ação de sua família na criação de uma aula noturna:

> Aula nocturna em Marianna. Nesta cidade acaba de ser criada uma aula nocturna sob a denominação *Capitão Bicalho*. Serão professores o reverendo cônego Júlio de Paula Dias Bicalho e seu digno irmão, Sr. Delfino Dias Bicalho [...] Abrem, portanto, uma escola nocturna, prestarão os seus serviços à mocidade, e concorrerão com todas as despesas precisas para a sua estabilidade. É tudo quanto, por agora, podem fazer. É uma deliberação digna de encômios. Por nossa parte os dirigimos sinceros agradecimentos aos prestimosos e inteligentes benfeitores fundadores da aula nocturna de Marianna.[65]

Não resta dúvida de que a difusão dessas ações beneméritas pelos jornais tinha um efeito multiplicador de iniciativas semelhantes. Associar-se pelo bem da instrução e em prol do progresso moral da sociedade, condoer-se pelo analfabeto e criar uma aula noturna, esse foi o caminho seguido na Província mineira e em, praticamente, todas as províncias brasileiras.

Ao longo do Oitocentos, pode-se perceber também um empenho significativo dos governantes mineiros em prol da escolarização dos adultos, o que pode ser demonstrado pelos dados relativos ao número de escolas públicas criadas na Província. Entretanto, quando se verifica o provimento de tais escolas, percebe-se que criar uma

[63] Jornal *Pharol*, Juiz de Fora, anno XVI, ed. 123, p. 2, sabbado, 21 out. 1882, grifos nossos.

[64] Secretaria do Interior. Correspondências. Officio de 25/08, 1883. Matrículas ensino particular nos municípios mineiros — 1860-1884. IP 61 AP.

[65] Jornal *Ouro Preto*, anno IV, n. 19, p. 1, 5 mar. 1884.

cadeira não pode ser tomado como existência concreta dessa ação, como nos mostra o Registro de Mapas da Instrução Primária de 1885: das 215 escolas de instrução primária, *38 eram noturnas*, mas apenas *uma* delas — a da Capital Ouro Preto — estava provida. Na década seguinte, Minas contava com 1.487 escolas primárias de 1º grau, 487 de 2º grau, seis cadeiras funcionando em cadeias e *79 escolas noturnas*, sendo duas em fábricas, correspondendo a 5,32% do total de escolas primárias, o que representou um aumento de mais do que o dobro, em apenas cinco anos.[66] As escolas noturnas estavam distribuídas por 66% das 120 principais cidades mineiras, ou seja, mais da metade das cidades mantinham pelo menos uma escola noturna. Esse aumento, entendido por muitos deputados como prática eleitoreira e de projeção política local, representava apenas o número de escolas criadas, visto que, muitas vezes, elas sequer eram instaladas. A constatação dessa situação levou os legisladores encarregados da primeira reforma republicana da instrução pública a diminuir, drasticamente, o número de escolas no Estado. Essa política restringiu o movimento de ampliação das escolas primárias afetando significativamente as escolas noturnas, dando início a um processo crescente de extinção. A redução ocorrida em 1890 foi da ordem de 44%, percentual considerável que colocou em xeque a preocupação dos republicanos em arrancar das trevas a massa de ignorantes que compunha a população mineira.[67] É, assim, plausível supor que a ausência do provimento das cadeiras públicas possa ter levado ao desenvolvimento das iniciativas particulares, anteriormente destacadas. Os dados apresentados nos possibilitam reconhecer que a instrução primária dos adultos mineiros, embora também assumida pelo Governo, convocou e mobilizou indivíduos e associações que, imbuídos do espírito de filantropia, assumiram a missão de difundir as luzes e civilizar a população analfabeta.

Os "rasgos de generosidade e filantropia" circulavam cotidianamente na imprensa periódica mineira, permitindo-nos corroborar a reflexão de Machado (2006, p. 151) ao afirmar que "a imprensa não se limitava a noticiar; fazia parte da construção do próprio acontecimento". Entendemos que a sua forma de qualificar e descrever tais ações possibilitava a construção e a fixação de um imaginário tornado "atemporal"

[66] IP 76. Quadro das cadeiras primárias existentes no estado de Minas Geraes, no anno de 1890, por municípios e com o respectivo número de alumnos matriculados, frequentes e promptos. 1890, 124-191. Belo Horizonte: APM. (grifos nossos)

[67] O desdobramento dessa medida foi amplamente discutido em Nogueira (2012).

fazendo com que os sujeitos nomeados se identificassem com ele, partilhassem visões de mundo, e a inserção de grupos sociais distintos numa subjetividade comum coletiva por meio de sua circulação no espaço público (CHARAUDEAU, 2008). Vale lembrar que os responsáveis pelas publicações, estavam sempre identificados com as disputas políticas e ideológicas do final do Império, cujos jornais possibilitavam a circulação de um amplo conjunto de ideias e ideologias. A construção dessa subjetividade comum e do processo de identificação ganha sentido nas palavras seguintes:

> naturalmente comentamos, falamos com prazer, quando nos referimos aos *grandes actos de philantropia e patriotismo*, praticados pelos nossos patrícios; e se esses actos são espontâneos, o nosso júbilo confunde-se com uma *admiração* que se converte numa espécie de *exaltamento*, que pode ser traduzido em desejo de os *imitar* [...] Estes actos devem se fazer conhecidos por mais de um motivo: revelão a gratidão [...] e podem ser imitados por muitas pessoas que, possuindo-se de uma *inveja* agradável e tão vehemente, se resolvão a praticar igauaes e maiores, que serão sempre bem vindos e melhor aceitos.[68]

Imitar os atos de filantropia e construir uma nação civilizada cuja contribuição da pedagogia se faria na confluência da instrução com a construção de um padrão universal de moral e costumes. Seguir o exemplo do zeloso professor público da cidade de Suassuhy, cujo curso noturno, "dedicado às pessoas adultas [...] presta bom serviço àquella localidade e dá exemplo digno de imitação a seus colegas de magistério".[69]

A PRESENÇA/AUSÊNCIA DE ESCRAVOS NAS ESCOLAS NOTURNAS

Ao revisitar alguns dos estudos relativos a essa temática em outras províncias, percebemos que praticamente todos eles faziam menção à presença de negros e de escravos em uma ou outra escola (NOGUEIRA, 2014). Segundo Paiva (2003), os escravos frequentaram aulas noturnas na Província do Pará, na década de 1870. Bei-

[68] Jornal *O liberal Mineiro*, n. 121, p. 2, 16 set. 1882, grifos nossos.

[69] Jornal *A Província de Minas*, Ouro Preto, n. 214, 10 jul., p. 1, 1884.

siegel (2004) também faz referência a uma aula noturna para escravos, nessa mesma província, dirigida por um tipógrafo, em 1882. A presença de escravos também foi constatada por Ana Luiza Jesus da Costa (2007), em algumas escolas municipais e privadas, como no curso noturno promovido pelo Club dos Libertos Contra a Escravidão, que, em 1882, oferecia instrução primária gratuitamente a libertos, escravos e livres.

No estudo realizado por Graciane Daniela Sebrão (2010), a província de Santa Catarina também contou com escola noturna particular, em 1874, a qual admitia a matrícula de escravos, desde que acompanhada da autorização dos proprietários, exigência comum a escolas de outras províncias. Em 1876, a escola pública Luz do Povo também contava com a matrícula de escravos entre seus 23 alunos. Nesse mesmo ano, outra escola pública iniciou suas atividades com 24 alunos frequentes sob a responsabilidade do professor Justiniano José de Souza e Silva, da Vila do Itajahy.

Na cidade de Sorocaba (SP), a imprensa noticiou, em dezembro de 1876, a instalação de uma aula noturna regida, gratuitamente, por um dos membros da Loja Maçônica, Sr. Alberto Carlos Ferreira de Araújo, com funcionamento às segundas, quartas e sextas-feiras.[70] Tal iniciativa teve seus exames divulgados, em dezembro de 1877. Dirigidos pelo professor Bento Cunha, os exames foram considerados satisfatórios, revelando adiantamento por parte dos alunos assim discriminados: livres, 115; escravos, 16; solteiros, 129; casados, 2; artistas, 46; caixeiros, 5; empregados, 12; serviços domésticos, 12; carroceiros, 2; jornaleiros de um empregado de agência.[71] Eliane Peres (2002) destacou que a presença dos cativos nas escolas, especialmente no Rio Grande do Sul, era pouco comum, principalmente por esta ser considerada como a mais preconceituosa das províncias do Brasil, já que recusava a matrícula de escravos e pretos — ainda que fossem livres e libertos. A autora constatou e estudou a presença de escravos nas aulas da escola noturna da Biblioteca Pública Pelotense, criada em 1875 para atender aos trabalhadores. Segundo a autora, encontrar evidências da presença dos negros na escola foi um trabalho bastante difícil, somente superado pela busca da confirmação da presença de escravos. Fato que se sustenta pelo que a autora denomina "silêncio nas fontes" e que a levou a confrontar jornais da época,

[70] *Correio Paulistano*: Folha Liberal, noticiosa, industrial e litteraria, anno XXIII, n. 6034, p. 1, terça-feira, 5 dez. 1876.

[71] *Correio Paulistano*: Folha Liberal, noticiosa, industrial e litteraria, anno XXIV, n. 6343, p. 1, quinta-feira, 27 dez. 1877.

pertencentes à imprensa produzida por negros, livros de matrícula e outros documentos pertencentes às associações populares — carnavalescas, abolicionistas, de classe, bastante comuns na cidade ao final do século XIX e que congregava um número muito grande de trabalhadores e, em muitos casos, somente de negros. A busca por fontes variadas e de natureza não oficial se confirma como uma indicação metodológica fundamental para os investigadores que, se dedicando a encontrar esses sujeitos nas escolas noturnas, pretendem escrever uma outra história da educação de adultos no país.

O acolhimento aos escravos nas escolas noturnas nos coloca diante de uma prática que se repetia em várias províncias brasileiras, mas ainda pouco estudada na História da Educação. A constatação dessa presença pode significar, refletindo com Maria Cristina Cortez Wissenbach (2002), que as aulas noturnas também estariam contribuindo com as sociabilidades desses indivíduos muito mais do que se conheçe nos dias de hoje. Para a autora, "embora qualidade individual exercida por poucos (ou por raríssimos escravos), a arte da escrita ligava-se direta ou indiretamente às sociabilidades existentes no mundo das cidades, entretidas entre escravos, forros, negros nascidos livres, brancos pobres", numa sociedade em que a maioria não lia, mas escutava, experimentava e percebia a sua presença. A leitura e a escrita, nesse caso, poderiam se apresentar "atreladas a comportamentos solidários, ora transvestida em mercadoria passível de ser comprada e vendida", mas de "alguma forma espraiava-se em direção a grupos mais amplos" da população (p. 119). Se a difusão da cultura escrita encontrava suporte na cultura oral até a primeira metade do século XIX, pode-se acreditar que a difusão das aulas noturnas, por quase todas as províncias brasileiras, tenha contribuído, significativamente, para uma mudança nas relações entre os sujeitos analfabetos, livres ou não livres, e a realidade social de fim de século.

Conforme advertiu Bezerra Neto (2009), encontrar escravos que soubessem ler e escrever não era algo tão inusitado, como demonstravam os diversos anúncios de escravos fugidos dos jornais, entretanto, a novidade do Setecentos foi justamente a criação de aulas noturnas exclusivas para esse público. Essa é uma questão que carece de estudos mais aprofundados, principalmente pelo fato de a estatística oficial não reconhecer essa face da história da educação e da escola, como destacado por Sidney Chalhoub (2012), acerca do censo de 1872: "o recenseamento informava que nenhum cativo frequentava escola primária", embora 1, 5 milhão soubesse ler, o que representava 0,8% de toda a população imperial (CHALHOUB, 2012, p. 45-46). Embora Santos e Barros (2012, p. 3.483) tenham constatado a ampliação do interesse dos pesquisadores pelos estudos vinculados às "relações étnico-raciais estabelecidas ao longo da história do nosso país", muito pouco sabemos sobre os negros e escravos que frequentaram as escolas e aulas noturnas. Essa situação remete ao alerta de Fonseca (2007a) sobre a necessidade de se construir narrativas historiográficas que desnaturalizem o lugar ocupado pelos negros e, bem assim, possibilitem "uma nova descrição da educação e da sociedade em que os negros não sejam apenas um fenômeno residual (p. 44-45).

CONSIDERAÇÕES FINAIS

Enfim, como ressaltado por Gondra e Schueler (2008, p. 68): "para as elites dirigentes do Império, os ideais e os discursos em prol da civilização tornaram-se fundamentos para uma série de projetos políticos e medidas administrativas que nortearam a constituição do Estado Nacional". Tais projetos não eram desconhecidos da província mineira que, por meio de seus mais dignos cidadãos, se mobilizava de forma a construir um quadro de estratégias com vistas a transformar os costumes, os comportamentos e a mentalidade da população pobre com propósito de civilizá-la e, bem assim, inseri-la num projeto mais amplo de construção de uma nação moderna. Não se pode negar que o vocabulário da filantropia comportava práticas que possibilitavam a identificação dos letrados iluminados como construtores de lugares de referência de ações e de pertencimento vinculados a esse projeto de construção. A difusão de tais iniciativas pela imprensa periódica tem grande importância ao se considerar, por exemplo, que ela "assumiu, explicitamente as funções de agente de cultura, de mobilizadora de opiniões e de propagadora de ideias". Dessa forma, era referida "como o meio mais eficiente e poderoso de influenciar os costumes e a moral pública, discutindo questões sociais e políticas" (PALLARES-BURKE, 1998, p. 146-147). As iniciativas de civilização dos adultos por meio das aulas noturnas podem ser compreendidas, ao lado das bibliotecas, conferências e dos teatros, como parte de um projeto de engajamento social que mobilizou a elite letrada que se identificava com o discurso ilustrado de construção do bem-estar e do progresso da nação. Isso evidencia o quanto as ações e práticas voltadas para a instrução primária dos adultos não estavam atreladas somente à boa vontade do Estado, o que pode ser constatado ao se localizar iniciativas pioneiras, antes mesmo de a legislação educacional "sugerir" a criação das escolas primárias noturnas para os adultos, na Corte, e o Imperador conclamar os presidentes de província a abraçar a nobre causa da instrução. A importância social e política dessas ações pode ser dimensionada ainda, se inseridas num contexto social mais amplo caracterizado por uma sociedade de maioria analfabeta incapaz de "ler um jornal, um decreto do governo, um alvará da justiça, uma postura municipal" (CARVALHO, 2002, p. 32).

Analisado no contexto de definição das políticas educacionais no Ocidente e consequente difusão da escola primária para a infância, este estudo se torna relevante, pois nos permite compreender, dentre outras, questões enraizadas nas políticas de educação dos adultos brasileiros que avançaram, ao longo dos séculos, comprometidas com o voluntariado, com a boa vontade de pessoas ou de instituições e marcadas pela instabilidade e, principalmente, pela secundarização na pauta dos diferentes governos. Da inspiração à construção da escola primária, dos modelos europeus e norte-americanos, restou à escolarização dos adultos o amparo do espírito da filantropia moderna que, reconhecidamente, elevava os seus benfeitores e os tornava dignos de louvores públicos, do prestígio da imprensa e de toda a sociedade, além da submissão aos jogos políticos, à boa vontade de ilustrados que buscavam de alguma forma um lugar de destaque e a elevação de seu *status* social.

REFERÊNCIAS

ABREU, Sandra Elaine Aires de. A instrução primária na província de Goiás. *Tese* (Doutorado em Educação). São Paulo, Pontifícia Universidade Católica de São Paulo, 2006.

ALCOFORADO, Luís; FERREIRA, Mairos Sónia. Educação e formação de adultos: nótulas sobre a necessidade de descomprometer a Cinderela depois do beijo do príncipe encantado. *In*: FERREIRA *et al. Educação e formação de adultos*: políticas, práticas e investigação. Imprensa da Universidade de Coimbra, 2011. p. 7-28.

ANANIAS, Mauricéia. *As escolas para o povo em Campinas:* 1860-1889: origens, ideário e contexto. 2000. Dissertação (Mestrado em Educação) - Faculdade de Educação, Universidade Estadual de Campinas, Campinas, 2000.

BEZERRA NETO, José Maria. *Por todos os meios legítimos e legais*: as lutas contra a escravidão e os limites da abolição– (Brasil, Grão-Pará: 1850-1888). Tese (Doutorado em História Social) - Pontifícia Universidade Católica de São Paulo, São Paulo, 2009.

BRASIL. Ministério do Império. Ministro João Alfredo Corrêa de Oliveira. Relatório do anno de 1870 apresentado à Assemblea Geral na 3ª sessão da 14ª legislatura. Publicado em 1871. Disponível em: <http://brazil.crl.edu>. Acesso em 15 de janeiro de 2013.

CARVALHO, José Murilo de. *Cidadania no Brasil.* O longo caminho. 3. ed. Rio de Janeiro: Civilização Brasileira, 2002.

CHALHOUB, Sidney. População e sociedade. *In*: CARVALHO, J. M. (Org.) *A Construção nacional* (1830-1889). Rio de Janeiro: Objetiva, 2012. p. 37-81.

CHARAUDEAU, Patrick. *Discurso político.* Trad. Fabiana Komesu Edilson Ferreira da Cruz. São Paulo: Contexto, 2008.

COLEÇÃO DE LEIS DO IMPÉRIO DO BRASIL. Decreto nº 7.031-A, de 6 de Setembro de 1878. Crêa cursos nocturnos para adultos nas escolas públicas de instrucção primaria do 1º gráo do sexo masculino do municipio da Côrte, p. 711. v. 1, 1878.

COSTA, A. L. J. da. As escolas noturnas da Corte: estado imperial, sociedade civil e educação do povo (1870-1889). *Educ. Soc.*, Campinas, v. 32, n. 114, p. 53-68, jan./mar. 2011. Disponível em: <http://www.cedes.unicamp.br>. Acesso em 08 de dezembro de 2012.

COSTA, Ana Luiza Jesus da. À Luz das Lamparinas. *As escolas noturnas para trabalhadores no Município da Corte (1860-1889).* 2007. Dissertação (Mestrado em Educação) – Faculdade de Educação da Universidade do Estado do Rio de Janeiro, Rio de Janeiro, 2007.

FONSECA, Marcus V. A arte de construir o invisível: o negro na historiografia educacional brasileira. *Revista Brasileira de História da Educação*, v. 7, n. 1 [13] 2007a.

FONSECA, Marcus Vinicius. *Pretos, pardos, crioulos e cabras nas escolas mineiras do século XIX.* 2007. Tese (Doutorado em Educação) – Faculdade de Educação da USP, São Paulo, 2007.

GONDRA, José Gonçalves; SCHUELER, Alessandra. *Educação, poder e sociedade no império brasileiro.* São Paulo: Cortes, 2008.

INÁCIO, Marcilaine Soares. *Educação e política em Minas Gerais*: o caso das sociedades políticas, literárias e filantrópicas no período regencial (1831/1840). Tese (Doutorado em Educação) – Belo Horizonte, UFMG, 2010.

LAGES, Rita Cristina Lima. *As vitrines da civilização*: referências estrangeiras na instrução pública em Minas Gerais no século XIX. Tese (Doutorado em Educação) – Faculdade de Educação da Universidade Federal de Minas Gerais, Belo Horizonte, 2013.

MAcCORD, Marcelo. A década de 1870 e as políticas de "instrução popular": a complexa arquitetura do Liceu de Artes e Ofícios do Recife. *Revista UNIABEU*, Belford Roxo, v. 1, n. 1, p. 152-176, set./dez. 2010.

MACHADO, Humberto Fernandes. Imprensa e identidade do ex-escravo no contexto do pós-abolição. *In*: NEVES, L. M. B. P.; MOREL, M.; FERREIRA, T. M. B. da C. (Org.). *História e imprensa*: representações culturais e práticas de poder. Rio de Janeiro: DP&A, 2006. p. 142-152.

MARTINEZ, Alessandra Frota. *Educar e instruir*: a instrução popular na Corte Imperial - 1870 a 1889. 1997. Dissertação (Mestrado em História) –Universidade Federal Fluminense, Niterói, 1997.

MONIER, Anne. De la philanthropie en démocratie. *La Vie des idées*, 4 fév. 2013. Disponível em: <http://www.laviedesidees.fr/De-la-philanthropie-en-democratie.html>. Acesso em: 04 jul. 2013.

MOREL, Marco. *As transformações dos espaços públicos*: imprensa, atores, políticos e sociabilidades na Cidade Imperial (1820-1840). São Paulo: Hucitec, 2005.

NOGUEIRA, V. L. As aulas noturnas no Brasil Império: espaços de sociabilidade na instrução e civilização dos adultos livres, libertos e escravos na segunda metade do século XIX. *In*: CONGRESO IBEROAMERICANO DE HISTORIA DE LA EDUCACIÓN LATINOAMERICANA. Textos de historiografia de la educación latinoamericana. *Anais*... Toluca: Cinvestav. El Colégio Mexiquense, 2014. v. único. p. 2711-2724.

NOGUEIRA, Vera Lúcia. *A escola primária noturna em Minas Gerais (1891-1924)*. Belo Horizonte: Mazza Edições, 2012.

PALLARES-BURKE, Maria Lúcia G. A imprensa periódica como uma empresa educativa no século XIX. *Cadernos de Pesquisa*, n. 104, p. 144-161, jul. 1998.

PERES, Eliane. Sob (re)o silêncio das fontes... A trajetória de uma pesquisa em história da educação e o tratamento das questões étnico-raciais. *Revista Brasileira de História da Educação*, n. 4, p. 75-102, jul./dez. 2002.

PERETZ, Pauline. Pratiques du don. La philanthropie em France et aux États-Unis: débat entre Anne Bory, Nicolas Guilhot, Sabine Rozier et Olivier Zunz. *La vie des Idées*, 27, mars 2012. Disponível em: <http://www.laviedesidees.fr/pratiques-du-don.html>. Acesso em 04 de julho de 2013.

SÁ, Elizabeth Figueiredo de; SOUZA, Emerson José de. A escolarização de jovens e adultos em Mato Grosso (1872-1927). *Educação e Fronteiras On-Line*, Dourados, v. 2, n. 4, p. 97-109, jan/abr. 2012.

SANTOS, Lays R. B. de M. M. dos; BARROS, Surya A. P. de. Estado da arte da produção sobre história da educação: o negro como sujeito na história da educação brasileira. In: SEMINÁRIO NACIONAL DE ESTUDOS E PESQUISAS: HISTÓRIA, SOCIEDADE E EDUCAÇÃO NO BRASIL, 9. Universidade Federal da Paraíba. *Anais Eletrônicos*. 2012, p. 3483. Disponível em: <http://www.histedbr.fe.unicamp.br>. Acesso em: 08 dez. 2012.

SILVA, Mailza Correia da. *A educação popular no Brasil império*: as primeiras iniciativas de escolas noturnas em Alagoas (1870-1889). Dissertação (Mestrado em Educação) – Universidade Federal de Alagoas, 2011.

VILLA, V.; MIGUEL, M. E. B. Aulas Noturnas na Província do Paraná (1835-1889). In: SEMINÁRIO NACIONAL DE ESTUDOS E PESQUISAS: HISTÓRIA, SOCIEDADE E EDUCAÇÃO NO BRASIL. Tema Geral: História, Educação e Transformação: Tendências e Perspectivas, 8., 2009, Campinas. Campinas: Ed. Unicamp, 2009.

WISSENBACH, Maria Cristina Cortez. Cartas, procurações, escapulários e patuás: os múltiplos significados da escrita entre escravos e forros na sociedade oitocentista brasileira. *Revista Brasileira de História da Educação*, n. 4, p. 103-122, jul./dez. 2002.

A escravidão foi abolida, mas o latifúndio continuou: Astrojildo Pereira leitor de Rui Barbosa

Luciano Mendes de Faria Filho

Em 1945 veio a lume o tomo I, do volume XI, das obras completas de Rui Barbosa, empreendimento político-cultural levado a cabo pela Casa de Rui Barbosa, sob a direção de Américo Jacobina Lacombe, iniciado no final dos anos de 1930 e cujos primeiros resultados começaram a aparecer em 1942, com a publicação do volume sobre as reformas do ensino secundário e superior.[72] O assunto do volume é a *emancipação dos escravos* e a sua organização coube a Astrojildo Pereira, que também foi o responsável pelo prefácio que a acompanha.

A publicação das obras completas foi um ato orquestrado contra o esquecimento e o desconhecimento de Rui Barbosa e, sobretudo, a favor da constituição do *legado* ruiano como um *monumento* da cultura brasileira que se empreendeu todo um esforço, a partir do final da década de 1930, para a estruturação da Casa de Rui Barbosa e a publicação das obras completas de seu patrono. Isso porque, nos anos de 1930, havia um diagnóstico que indicava o esquecimento de Rui Barbosa entre a intelectualidade ou, mesmo, entre os estudantes brasileiros, poucos anos depois de sua morte (1923), que era compartilhado por várias pessoas que se dedicavam ao estudo de seu pensamento. Assim, havia uma reclamação contínua ora de que Rui Barbosa

[72] BARBOSA, Rui. *Pareceres sobre o ensino secundário e superior*. Rio de Janeiro: Casa de Rui Barbosa. *Obras Completas de Rui Barbosa*. v. 9, t. I, 1942.

fora esquecido, ora de que era um desconhecido[73] e ora, mais grave ainda, de que era combatido e detratado pelos opositores a suas ideias.[74]

Os agenciamentos que tornaram possível colocar de pé o empreendimento de publicação das obras completas de Rui Barbosa reforçaram e/ou deram ensejo a um verdadeiro *revival* de Rui Barbosa e a uma série de lutas em torno das maneiras autorizadas e legítimas de interpretar o seu pensamento nos diversos campos em que atuava. Tal revigoramento[75] da presença de Rui Barbosa na cena política, cultural, intelectual e editorial

[73] Ainda em 1942, Candido Motta Filho publicou um livro intitulado *Rui Barbosa, esse desconhecido...* (São Paulo: E. G. Revista dos Tribunais. 44 p.) em que reclamava: "É a nova geração que o desconhece. Mas pela sensibilidade própria de uma época tempestuosa ira forçosamente compreendê-lo. Rui Barbosa é um desconhecido, figura que não ficou até agora bem localizada: - às vezes relembrado por algum náufrago perdido do velho regime, às vezes citado pelos cautelosos e intransigentes defensores da linguagem gramatical" (p. 14).

[74] Um exemplo de uma apreciação muito negativa que circulava, já nos anos 30, sobre o legado de Rui Barbosa para o Brasil é o livro *Brasil Errado*, de Martins de Almeida, publicado em 1932. O primeiro capítulo do livro, "Rui Barbosa e seu papel social e político", começava com as seguintes palavras: "Rui Barbosa se incorporou no número dos grandes erros brasileiros. Se isolássemos a sua individualidade da significação social e política que teve, encontraríamos a figura do homem que falava bonito, que falava mais bonito entre nós". E no parágrafo seguinte completava: "Entretanto o nosso maior orador transbordou do seu quadro individual, não se contendo dentro de si mesmo. Despejou-se para fora pela força centrífuga de sua individualidade, que se pôs em conexão com o eixo da vida nacional. E encheu de palavras todo um capítulo da nossa história" (p. 9). Ao longo de todo o capítulo o autor busca fundamentar sua tese de que Rui seria um dos grandes erros de nossa história, seja evocando o verbalismo do jurista baiano, seja defendendo a irrealidade de suas proposições, seja por sua inadequação ao próprio Brasil.
Ainda a respeito dos críticos de Rui Barbosa, seria interessante ver o que a respeito dele escreve, já no início da década de 1940, o já consagrado Gilberto Freire no não menos prestigioso *Anuário Brasileiro de Literatura*. Em texto alusivo aos 25 anos de lançamento do livro *Urupês*, de Monteiro Lobato, escreve o sociólogo pernambucano que "Ter feito Rui Barbosa, já velho, voltar-se do altar do seu gabinete, com olhos espantados e quase menino (menino doente, criado o tempo todo dentro de casa) para aquele Brasil áspero que os brasileiros hoje estudam com amor que os seus avós bacharéis e doutores quase desconheceram, me parece um dos milagres realizados pelo escritor Monteiro Lobato. Foi por obra e graça do 'Urupês' que o maior campeão sul-americano da inocência de Dreyfus verdadeiramente descobriu que a poucas léguas da rua São Clemente havia quem sofresse mais do que o remoto mártir do antissemitismo europeu; sofresse de dores que o 'habeas-corpus' não cura; não alivia sequer. Nem 'habeas-corpus', nem a anistia; nem o 'sursis'. Nenhuma solução simplesmente jurídica" (FREIRE, Gilberto. Vinte e cinco anos depois. *Anuário Brasileiro de Literatura - 1943-1944*, Rio de Janeiro, p. 166, 1945).
A crítica ácida a Rui Barbosa vai encontrar, depois dos anos 50, abrigo nas páginas do livro *Rui - o homem e o mito*, de R. [Raimundo] Magalhães Júnior (2. ed. Rio de Janeiro: Civilização Brasileira, 1964/1965, 468 p.). O livro teve uma enorme repercussão à época. Em 1973, com prefácio de Antônio Gontijo de Carvalho, é publicado o livro *Um piolho na Asa da Águia - em defesa de Rui Barbosa, resposta a R. Magalhães Junior*, de Salomão Jorge (Rio de Janeiro: Edições MM, 1973. 553 p.).

[75] Wilson Martins, no volume VII de sua *História da Inteligência Brasileira* (São Paulo: Cutrix; EDUSP, 1978), vai chamar este fenômeno de A vingança de Rui Barbosa, dizendo: "Assim, execrado, ridicularizado, vilipen-

brasileira, seja pela transformação da casa onde morara a família Barbosa num monumento cultural brasileiro, seja pela publicação de um número significativo de biografias, seja, ainda, pela realização de palestras, conferências e da publicação de suas obras, se dava, também, no interior da política cultural do Estado Novo. Esse projeto foi encabeçado, sobretudo, pelo Ministro da Educação e Saúde Pública, Gustavo Capanema, e levado a cabo por um grupo de importantes intelectuais por ele mobilizado.[76]

Como que espelhando o que ocorria no âmbito mais geral do Ministério da Educação e Saúde e nas ações de seu superior imediato, Gustavo Capanema, o diretor da Casa de Rui Barbosa[77] vai, também, mobilizar um expressivo grupo de intelectuais e políticos para levar a cabo o projeto político-editorial de publicação das obras completas. Tais intelectuais e políticos, recrutados de tendências teóricas e políticas diferentes e participando de redes de sociabilidades política, afetiva e intelectual as mais diversas, atuaram conjuntamente na produção e divulgação do *legado* ruiano como um monumento cultural brasileiro.

Esse grupo, obedecendo a dispositivos emanados do Ministro da Educação e de uma Comissão Organizadora da Publicação das *Obras Completas de Rui Barbosa* por ele nomeada,[78] e coordenada pelo diretor da Casa, Américo Lacombe, foi convidado a atuar na produção de prefácios e na realização da revisão dos tomos das obras completas e, quando necessário, na interposição de notas necessárias ao entendimento do texto pelo leitor.

diado e proscrito durante o período modernista que acabava de findar, seja como figura paradigmática do liberalismo político, seja como grão-sacerdote do purismo gramatical, Rui Barbosa reemergia em nossa vida política e intelectual mais vitorioso do que nunca" (p. 235).

[76] A mobilização e atualização de Rui Barbosa não se fazia apenas e tão somente como política de Estado, mas também como política contra o Estado Novo. Veja-se, por exemplo, o texto de abertura do livro publicado por Francisco Mendes Pimentel Filho, *Vultos e assuntos de destaque* (Rio de Janeiro: Jornal do Comércio, 1943). Trata-se do texto "Rui Barbosa", proferido na Solenidade Judiciária do Fórum de Campanha, em 31 de março de 1940. Dizia o autor que: "No instante em que o Jurismo é atingido por golpes, arriscado a mergulhar no mais sombrio crepúsculo, o vulto de Ruy Barbosa destaca-se como um farol na mais densa bruma. Iludem-se os que creem haver desaparecido o Direito. As mais brilhantes auroras surgem depois dos ocasos mais inexpressivos. As maiores conquistas do Direito nascem após as violências mais aterradoras" (p. 27).

[77] De agora em diante, e ao longo de todo o texto, sempre que aparecer Casa estamos nos referindo à instituição Casa de Rui Barbosa.

[78] Inicialmente, compunham a Comissão Américo Jacobina Lacombe, Thiers Martins Moreira e Sérgio Buarque de Holanda. A partir de 1946, Sérgio Buarque é substituído por Luís Camilo de Oliveira Netto, ex-Diretor da Casa de Rui Barbosa nos anos de 1930.

PREFÁCIOS E OS PREFACIADORES

Constituiu-se em lugar-comum nas falas de Américo Lacombe, e dessas deslizou para as publicações da Casa, o grande empenho que foi posto na escolha dos prefaciadores dos tomos, num trabalho que teria buscado reunir a nata da intelectualidade brasileira em torno do projeto político-editorial de publicação das obras completas de Rui Barbosa. Mas não é apenas nas publicações da Casa que esta ideia aparece, como se pode ver no texto escrito pelo sociólogo José Almino de Alencar, à época, presidente da Casa, e publicado na *Revista Brasileira*, da ABL, em 2009, por ocasião da comemoração do centenário de nascimento de Américo Lacombe. Dizia ele que:

> No seu início, a Casa de Rui Barbosa tinha como objetivo precípuo a divulgação e o culto da obra e vida de Rui Barbosa; a preservação da antiga residência, dos móveis; a biblioteca e o arquivo do grande brasileiro e publicar-lhe os escritos. No entanto, desde logo, Américo Jacobina Lacombe vai imprimir um sentido mais amplo a essa missão, em si já importante. Em seu papel de orientador e coordenador da publicação das *Obras Completas de Rui Barbosa*, um projeto editorial dos mais ambiciosos, ele vai atrair alguns dos mais brilhantes intelectuais brasileiros para discutir e comentar os seus mais diferentes aspectos, fazendo do conjunto de prefácios e introduções uma quase Brasiliana, na qual muitos dos problemas nacionais eram discutidos em diálogo com o pensamento ruiano.[79]

Conforme já salientamos anteriormente, dentro do projeto político-editorial de publicação das obras completas, os prefácios constituem peças-chave. Sinteticamente, segundo Lacombe, a sua função seria a de situar o público leitor nas circunstâncias em que tal "obra" foi produzida e, também, naquelas que presidiram a organização e publicação do tomo. O prefácio asseguraria, também, a "segurança e o critério científico da revisão". Assim, dizia ele, antes mesmo de sair o primeiro tomo, que:

> A fim de que o público possa ser informado das circunstâncias especiais da feitura e do aparecimento de cada produção, bem como para dar à revisão

[79] ALENCAR, José Almino de. Deus está no detalhe. *Revista Brasileira*, Rio de Janeiro, fase VII, ano XV, n. 60, p. 171, jul./set. 2009.

> caráter de segurança e critério científico, cada volume ficará a cargo de um especialista. Este estabelece contexto (sempre que possível pelo original), revê as provas e redige um pequeno prefácio crítico bibliográfico.[80]

Em outra ocasião, ao tratar do mesmo assunto, o diretor reitera o que já havia dito e amplia as funções do prefácio em "cada tomo, ou série de tomos", dizendo:

> cada tomo, ou série de tomos, quando a matéria for conexa, fica entregue a um especialista, responsável pela pesquisa do material e autenticidade do texto. Deverá haver também, quando for julgado necessário, um prefácio de caráter o mais possível objetivo e que se destina a orientar o leitor com relação à importância da obra, as condições em que foi elaborada, indicações bibliográficas etc.[81]

O prefácio constitui um gênero discursivo de larga tradição tanto no campo acadêmico-científico quanto no literário e tem como principais funções apresentar e descrever a obra, demonstrar a autoridade do autor da obra prefaciada em determinado campo e concluir chamando a atenção para a contribuição do livro para leitores mais ou menos determinados.[82]

Segundo Manuel Edison de Oliveira, para que o prefácio cumpra suas funções de apresentar e comentar a obra, acaba por realizar movimentos retóricos que podem ser de definição do tópico central abordado no livro, estabelecimento do campo de estudo, indicação dos objetivos do livro, avaliação do autor, avaliação da obra, alusão/citação, descrição do conteúdo, indicação de leitores potenciais, avaliação final e convite à leitura.[83]

Ainda segundo o autor,

---

[80] Relatório da Casa de Rui Barbosa relativo ao ano de 1940, p. 4.

[81] LACOMBE, Américo Jacobina. A publicação das obras completas de Ruy Barbosa. *Anuário Brasileiro de Literatura – 1943-1944.* Rio de Janeiro, Livraria Editora Zelio Valverde, 1945, p.189.

[82] OLIVEIRA, Manuel Edison de. *A constituição do gênero prefácio no universo acadêmico.* 2009. 182 f. Tese (Doutorado em Língua Portuguesa) - Pontifícia Universidade Católica de São Paulo, São Paulo, 2009; BEZERRA, Benedito Gomes. *Gêneros introdutórios em livros acadêmicos.* 2006. 243f. Tese (Doutorado em Letras) - Universidade Federal de Pernambuco, Recife, 2006.

[83] OLIVEIRA, *op. cit.*, p. 118.

> o gênero prefácio se caracteriza por diversos movimentos retóricos, mas destacamos, por um lado, que a ocorrência simultânea de tais movimentos não é obrigatória, uma vez que a estabilidade do gênero é "relativa"; por outro lado, esses gêneros, às vezes, apresentam variações formais das quais emergem estratégias retóricas diversificadas com vistas a atender diferentes demandas que se associam às práticas sociais implicadas tanto pela produção quanto pelo uso e recepção do gênero.[84]

No caso dos tomos ou conjuntos de tomos das obras completas de Rui Barbosa, os prefácios, no seu conjunto, cumprem as funções e assumem os movimentos retóricos acima identificados. No entanto, eles são muito diferentes entre si, tanto pelo tamanho e abrangência quanto pelos movimentos retóricos desenvolvidos por cada autor em seu texto. Assim, eles podem ser grandes, chegando a ter quase 100 páginas — como é o caso do prefácio de Oscar Bormann para os *Relatórios do Ministro da Fazenda* — ou podem ser muito sucintos, como eram, via de regra, todos aqueles escritos por José Câmara para os tomos relativos aos *Trabalhos jurídicos*.

Falar do *movimento retórico do prefácio*, no entanto, é apenas uma das maneiras de se aproximar do texto que resulta do trabalho dos colaboradores. Outra abordagem é, por exemplo, falar nos prefácios como um *comentário*, ou seja, num dos muitos "procedimentos de controle e delimitação do discurso".[85] Segundo M. Foucault,

> há muito regularmente nas sociedades, uma espécie de desnivelamento entre os discursos: os discursos que "se dizem" no correr dos dias e das trocas, e que passam com o ato mesmo que os pronunciou; e os discursos que estão na origem de um certo número de atos novos de fala que os retomam, os transformam ou falam deles, ou seja, os discursos que, indefinidamente, para além de sua formulação, *são ditos*, permanecem ditos e estão ainda por dizer.[86]

No entanto, segundo o autor, não há estabilidade nessas posições anunciadas, pois "não há, de um lado, a categoria dada uma vez por todas, dos discursos

[84] OLIVEIRA, *op. cit.*, p. 122.

[85] FOUCAULT, Michel. *A ordem do discurso*. Rio de Janeiro: Loyola, 1996. p. 21.

[86] FOUCAULT, *op. cit.*, p. 22.

fundamentais ou criadores; e, de outro, a massa daqueles que repetem, glosam e comentam. Muitos textos maiores se confundem e desaparecem e, por vezes, comentários vêm tomar o primeiro lugar".[87]

A instabilidade das posições não subverte, no entanto, a função que regula a relação entre os discursos, pois "o desaparecimento radical desse desnivelamento não pode nunca ser senão um jogo, utopia ou angústia". Jogo que, afirma Foucault, "à moda de Borges, de um comentário que não será outra coisa senão a reaparição, palavra por palavra (mas desta vez solene esperada), daquilo que ele comenta".[88]

Por fim, o texto de M. Foucault acerca do comentário pode nos ajudar a entender o prefácio quando afirma que:

> o desnível entre texto primeiro e texto segundo desempenha dois papéis que são solidários. Por um lado permite construir (e indefinidamente) novos discursos: o fato de o texto primeiro pairar acima, sua permanência, seu estatuto de discurso sempre reatualizável, o sentido múltiplo ou oculto de que passa por ser detentor, a reticência e riqueza essenciais que lhe atribuímos, tudo isso funda uma possibilidade aberta de falar. Mas, por outro lado, o comentário não tem outro papel, sejam quais forem as técnicas empregadas, senão o de dizer *enfim* o que estava articulado silenciosamente no *texto primeiro*.[89]

Assim, os textos de Rui Barbosa podem ser entendidos, aqui, como um discurso primeiro sobre o qual os prefaciadores, como comentadores que são, trabalham para *fazer falar* o que nele estava inscrito ou oculto, atribuindo-se-lhe uma riqueza e atualizando seus múltiplos sentidos.

No entanto, parece-me que, na análise dos prefácios, podemos, também, acionar uma outra forma de compreendê-los. Se, por um lado, os prefácios aos textos de Rui Barbosa estão sujeitos às regras do comentário, por outro, podemos também pensar que eles resultam de práticas de leitura e escrita que, continuamente, não apenas buscam decifrar o *texto primeiro*, mas também produzem, sem cessar, novos sentidos para ele.

[87] FOUCAULT, *op. cit.*, p. 23.

[88] FOUCAULT. *op. cit.*, p. 23.

[89] FOUCAULT, *op. cit.*, p. 24-25, grifos nossos.

Assim, inspirados por M. de Certeau[90] e por R. Chartier,[91] podemos analisar os prefácios não apenas como *repetição*, mas também como *criação* em relação ao texto comentado. Não é por acaso que R. Chartier, nunca é demais lembrar, leitor de M. Foucault, tem reiteradamente repetido que uma história cultural da leitura deve considerar que "a leitura é uma prática criadora, atividade produtora de sentidos singulares, de significações de modo nenhum redutíveis às intenções dos autores de textos ou fazedores de livros: ela é uma 'caça furtiva', no dizer de Michel de Certeau".[92] Daí, também, a ambivalência da posição do comentador: ele é o leitor que busca extrair ou construir sentidos do texto comentado e, ao mesmo tempo, o escritor que busca disciplinar as interpretações possíveis a respeito do texto comentado. Ou seja, também o comentário pode ser objeto de uma história das apropriações, tal como a propõem os dois autores acima indicados e vem sendo realizado por inúmeros pesquisadores brasileiros. A este respeito, afirma, ainda, R. Chartier:

> Daí a seleção de dois modelos de compreensão para explicar os textos, os livros e as leituras. O primeiro põe em contraste disciplina e invenção, considerando estas duas categorias não como antagônicas, mas como sendo geridas a par. Todo o dispositivo que visa criar controle e condicionamento segrega sempre táticas que o domesticam ou subvertem; contrariamente, não há produção cultural que não empregue materiais impostos pela tradição, pela autoridade ou pelo mercado e que não esteja submetida às vigilâncias e às censuras de quem tem o poder sobre a palavra ou os gestos.[93]

No entanto, nada disso pode fazer esquecer que, dentro do projeto político-editorial das obras completas de Rui Barbosa, os prefaciadores e revisores eram *leitores/escritores* que trabalhavam muito. Preparar o prefácio, realizar a revisão e antepor, quando necessário, notas de esclarecimento nem sempre eram tarefas fáceis. Para preparar um tomo, como veremos, era preciso, às vezes, empreender um árduo trabalho de pesquisa. E tal esforço nem sempre era recompensado com a localização do material necessário para compor o tomo em preparação. Assim,

---

[90] CERTEAU, Michel de. *A invenção do cotidiano*. Petrópolis: Vozes, 1994.

[91] CHARTIER, Roger. *A história cultural*. Rio de Janeiro: DIFEL, 1990.

[92] CHARTIER, *op. cit.*, p. 123.

[93] CHARTIER, *op. cit.*, p. 137.

tendo acompanhado a preparação dos primeiros tomos das obras completas, quando publicou o texto no *Anuário Brasileiro de Literatura*, Lacombe aproveita para responder àqueles que criticavam a demora no aparecimento dos tomos, pois pensavam, segundo o diretor, que esta é "questão somente de tirar os livros da estante e mandar para a tipografia". Estes, no entanto, estão longe de "compreender o que representa o nosso esforço silencioso", afirmava o diretor. Isso porque:

> Nos catálogos já existentes da obra de Rui (de Mário de Lima Barbosa, Batista Pereira e Fernando Neri) figuram várias peças inteiramente inexistentes em qualquer biblioteca pública, e, muitas, particulares a que temos recorrido. No volume relativo aos trabalhos parlamentares de 1884, por exemplo, já pronto, e prestes a sair, como dissemos, figura uma exposição ao Imperador sobre a dissolução da Câmara dos Deputados. Esta exposição é dada nos catálogos como impressa na Imprensa Nacional, naquele ano, em avulso. Não encontramos sinal daquela publicação em qualquer biblioteca. Tivemos de recorrer à gentileza do diretor do Arquivo Nacional, Dr. Vilhena de Morais, que nos obteve cópias autênticas e fotostáticas do próprio livro de atas do Conselho de Estado, perante o qual foi lida, pelo Conselheiro Dantas, a dita exposição. E assim podemos completar o nosso volume com uma peça praticamente desconhecida.[94]

Assim, como se pode notar, a busca pelo documento inédito ou, mesmo, por aqueles já publicados era, às vezes, um trabalho que, como veremos, envolvia não apenas os prefaciadores e o próprio diretor da Casa, mas também uma ampla rede de contatos estabelecidos por estes com colecionadores particulares, com funcionários de arquivos os mais diversos e, muitas vezes, com ruistas de todo o Brasil.

A ideia de que os prefácios deveriam cumprir o papel de informar ao público leitor, de forma a mais objetiva possível, sobre as circunstâncias do aparecimento de uma obra e daquelas que presidiram a sua organização e publicação, não foi entendida da mesma forma por todos os convidados a participar do projeto. Isso, como vimos, obrigou a Comissão Organizadora das Obras Completas, Américo Lacombe à frente, a estabelecer regras mais claras para esse trabalho e, ao mesmo tempo, res-

[94] LACOMBE, Américo Jacobina. A publicação das obras completas de Ruy Barbosa. *Anuário Brasileiro de Literatura – 1943-1944*, Rio de Janeiro: Livraria Editora Zelio Valverde, 1945. p. 189-191.

tringir o número de convidados. Ambas as decisões foram tomadas, segundo Lacombe, para uniformizar mais as intervenções dos organizadores e prefaciadores nos tomos publicados.

Essas decisões, no entanto, não impediram que os textos dos prefácios continuassem a gozar de grande heterogeneidade. Seja em algumas poucas páginas, seja em mais de uma centena delas, cada prefaciador agia como um mediador entre a obra e o público e, em última instância, apresentava o *seu* morto que queria manter entre os vivos.

O PREFACIADOR E O RUI ABOLICIONISTA

Constitui-se o tomo aqui analisado a publicação dos discursos parlamentares de Rui Barbosa sobre a questão da escravidão por ocasião da discussão do projeto, encaminhando por Souza Dantas ao legislativo imperial, em 1882, propondo a libertação, sem indenização, dos escravos sexagenários; o parecer, por ele elaborado, sobre o projeto, como membro das Comissões de Justiça e de Orçamento; e, finalmente, um apêndice contendo o Projeto original e vários documentos relativos ao tema.[95]

O livro segue as regras de materialidade e editorial estabelecidas para a publicação do conjunto das obras completas. No entanto, na apresentação do tomo, duas coisas chamam imediatamente a atenção: uma caricatura de Rui Barbosa publicada logo na abertura do volume e a presença do veterano militante comunista na organização e prefaciação da obra. Como se pode-notar a seguir, a caricatura utilizada foi aquela produzida por Belmiro de Almeida para *O binóculo*, de 6 de maio de 1882.

[95] Na verdade, segundo Astrojildo Pereira, o projeto foi elaborado pelo próprio Rui Barbosa a pedido de Dantas. Cf. PEREIRA, Astrojildo. *Prefácio às Obras Completas de Rui Barbosa*, 1945. v. 7, t. I, p. XII.

Como se pode notar, nem a imagem nem o texto ["S. Ex. o Sr. RUI BARBOSA, Talvez a maior cabeça do parlamento atual"] faz referência ao conteúdo do livro, mas remetem tão somente ao ano, 1882, em que se deu a discussão do projeto. No entanto, é preciso considerar que, ao jogar com o duplo sentido da palavra cabeça (anatomia e inteligência), essa caricatura se constituiu, nas décadas seguintes à sua publicação, num dos ícones da produção da genialidade do intelectual baiano e na transformação da imagética ruiana em um importante repertório político-cultural, contínua e amplamente utilizado por distintos sujeitos na defesa dos mais diversos pontos de vista.[96]

Quanto à presença de Astrojildo Pereira, cabe salientar que esse era, quando redigiu o prefácio (1944), um reconhecido ativista e militante comunista que se dedicava, há anos, a várias atividades relacionadas à vida literária, política e jornalística. Nascido em Rio Bonito (RJ), em 08 de outubro de 1890, Astrojildo estudou em escola pública até os treze anos. Aos quatorze anos mudou-se para Niterói, passando a frequentar o Colégio Abílio, no Rio de Janeiro, até completar o curso secundário, quando encerra sua educação formal. A partir de então, constitui-se como intelectual

[96] Cf. LIMA, Herman. *Rui e a caricatura*. Rio de Janeiro: Casa de Rui Barbosa, 1949.

autodidata. Trabalhou no comércio, tanto como empregado quanto nos negócios do pai. Exerceu também as funções de tipógrafo e linotipista. Entretanto, sua atividade profissional mais significativa deu-se no jornalismo (como redator e diretor) e na crítica literária.

Como militante político, iniciou sua participação em organizações operárias anarquistas. Em 1913 promoveu o II Congresso Operário Brasileiro. Em 1922 participou da fundação do Partido Comunista do Brasil (PCB), sendo eleito Secretário Geral do partido. Viveu na Rússia entre 1929 e 1930. Em novembro de 1930 foi afastado da Secretaria Geral do Partido. Em 1931 pediu desfiliação do PCB retornando ao partido em 1945.

Há um grande consenso de que, no projeto editorial das *Obras Completas*, os prefaciadores cumpriram um papel fundamental. Se a montagem da Comissão Organizadora das obras completas, envolvendo três pessoas, já nos remete a uma ampla e complexa rede de sociabilidades políticas, afetivas e profissionais, o problema se torna maior ainda quando nos aproximamos do conjunto dos convidados a prefaciar os tomos das obras completas a serem publicados. São pelo menos trinta e dois os nomes envolvidos durante o período estudado. De quase todos temos informações muito precisas sobre o nascimento e a formação. No entanto, é preciso considerar que o local de nascimento serve apenas como indício, já que nem sempre indica o lugar geográfico de socialização primária, e que a área de formação não significa uma efetiva adesão à profissão indicada pelo curso.

Para alguns dos envolvidos no projeto político-editorial de publicação das obras completas de Rui, uma experiência geracional importante e demarcadora do modo de adesão ao projeto é a Campanha Civilista de 1910, encabeçada por Rui Barbosa.[97] Este movimento político constituiu-se numa ação compartilhada, direta ou indiretamente, por alguns dos prefaciadores, sobretudo aqueles nascidos até 1890, tornando possível tomá-la como uma experiência geracional que demarca certa aproximação política, intelectual e afetiva com a figura de Rui Barbosa. Segundo dados coligidos por Israel Beloch e publicados no portal do CPPDOC, da Fundação Getulio Vargas, este foi o caso, por exemplo, de Astrojildo Pereira:

[97] Sobre a Campanha Civilista cf. VISCARDI, Claudia Maria Ribeiro. *Teatro das oligarquias*: uma revisão da "política do café com leite". Belo Horizonte: C/Arte, 2001.

> Nesta época Astrojildo foi admitido como funcionário no Ministério da Agricultura. Em 1910, participou de comícios e passeatas, empolgado com a Campanha Civilista, movimento que promoveu a candidatura de Rui Barbosa à presidência da República, em oposição ao marechal Hermes da Fonseca.[98]

Assim como coube a Capanema a aprovação do Plano de publicação e a proposição da existência do prefácio, cabia a ele, em última instância, a aprovação dos nomes dos prefaciadores. Em entrevista concedida a Isabel Lustosa, referindo-se a Gustavo Capanema, Lacombe afirma que ele "*era um homem de centro, mas tinha muito respeito pelo pessoal da esquerda. Sabe de quem foi o primeiro prefácio à obra de Rui Barbosa aprovado por ele? Do Astrojildo Pereira*".[99]

Verdadeira ou não, essa afirmação realça a importância da participação de Astrojildo, intelectual francamente contrário ao autoritarismo varguista, no projeto político-editorial das obras completas. Seria mais uma prova do quanto Vargas e seu ministro Capanema foram capazes de congregar em torno de si uma plêiade de sujeitos com convicções políticas muito variadas.

A respeito do seu trabalho na organização e do prefácio escrito para o tomo, Astrojildo Pereira buscou seguir as instruções estabelecidas por Américo Lacombe, mas também fez escolhas e estabeleceu que seu leitor modelo seria aquele que conhecesse razoavelmente a história brasileira do final do século XIX. Isso porque, segundo ele:

> Seria difícil, para não dizer impossível, proceder a uma revista completa, mesmo em tom sumário, de todos os aspectos da questão dos escravos, tais quais foram expostos e analisados no parecer que constitui a parte central e principal do presente volume. Por outro lado, não posso imaginar até que ponto haveria utilidade em pormenorizar as circunstâncias históricas e políticas do momento em que o parecer foi elaborado; tanto mais que isso resultaria em repetir o que já é do conhecimento geral. Eu devia necessariamente limitar-me a apenas por em relevo certos aspectos e circunstâncias que me parecessem mais importantes, quer por sua signi-

---

[98] Disponível em: <http://www.fgv.br/CPDOC/BUSCA/Busca/BuscaConsultar.aspx>.

[99] LUSTOSA, Isabel. *Lacombe narrador*. Rio de Janeiro: Fundação Casa de Rui Barbosa, Série Papéis Avulsos, n. 24, 1996. p. 30.

> ficação intrínseca, quer por sua repercussão contemporânea e ulterior. Foi o que tentei fazer".[100]

O texto do prefácio ocupa 34 páginas do livro e está dividido em sete partes. Nelas, o prefaciador tanto estabelece o lugar histórico do debate sobre a abolição ocorrido na década de 1880, na longa luta contra a escravidão no Brasil, quanto busca dar elementos ao leitor para que ele entenda os interesses e as circunstâncias envolvidas na discussão do projeto de lei em questão. Astrojildo Pereira inicia por dizer que, quando Rui intervém no debate, a luta pelo fim da escravidão já tinha uma longa história. Entendendo que nenhum ser humano se submete sem resistência à situação de escravidão, ele faz a luta retroceder ao início mesmo do tráfico ao afirmar que, "como processo histórico, a luta contra a escravidão dos negros africanos, entre nós, pode-se dizer que teve o seu ponto de partida no dia mesmo em que se aportou às nossas praias o primeiro navio negreiro vindo das costas da África".[101] No entanto, para ele, o ano de 1831 é um marco importante, pois foi quando

> a lei dos senhores, condenando o tráfico, admitiu, pela primeira vez, o princípio da abolição do trabalho escravo. E ainda parcialmente e de muita má vontade, ficando a lei no papel, sem aplicação efetiva, durante vinte anos e mais, pois mesmo depois de 1840, com a lei Eusébio em pleno vigor, o contrabando não cessara de todo, e milhares de africanos foram introduzidos fraudulentamente nas costas brasileiras.[102]

Ao analisar os discursos de Rui, o experiente militante comunista não deixa de mobilizá-lo como uma ferramenta para as lutas travadas no presente, atualizando-o na e para a reação contra o racismo.

> Por essa altura do parecer, em breve passagem a propósito da guerra de secessão provocada pelos estados do Sul, refere-se a certo aspecto da questão, que hoje nos parece de maior interesse, com certeza muito maior do que teria parecido aos leitores de então. Escreve Rui Barbosa aí, textual-

[100] PEREIRA, *op. cit.*, p. XL.

[101] PEREIRA, *op. cit.*, p. IX.

[102] PEREIRA, *op. cit.*, p. IX.

> mente, que a "rebelião do sul não teve outro intuito, senão organizar um estado com cativeiro por base e por política a dilatação territorial dele", e que os seus chefes "alardeavam despejadamente a glória de iniciarem no mundo o primeiro governo estribado na grande verdade física, filosófica e moral de que a sujeição civil às raças superiores é a condição natural e normal do negro".
> Podemos hoje acrescentar que a derrota dos escravistas confederados foi também a derrota dos seus desígnios políticos. "Mas evidentemente não é por acaso que assim encontramos, justo entre aqueles ferrenhos partidários da escravidão do homem pelo homem, alguns típicos precursores dos hodiernos partidários das teorias racistas e sua consequente política do espaço vital"[103]

Do mesmo modo que os racistas de ontem parecem dar as mãos aos racistas de seu tempo, para Astrojildo Pereira, também o combate ao fantasma do comunismo, que tanto mobilizava a sociedade brasileira e expressivo número de políticos e intelectuais, alguns dos quais estavam no centro do projeto de edição das obras completas, precisava ser confrontado. E nada melhor para isso do que ridicularizar aqueles que, na produção de Rui Barbosa e de seu grupo, liam ameaçadoras disposições comunistas. Afirmava o prefaciador que:

> Para Souza Carvalho, o projeto de 15 de julho, que a nós nos parece hoje tão prudente e moderado, estava todo ele inçado de "disposições comunistas". E comunistas eram os seus defensores. Nada menos. Comunista Souza Dantas. Comunista Rui Barbosa. [...] Mas a tremenda acusação não ficava limitada ao debate teórico dos princípios contidos no projeto. Souza Carvalho denunciava abertamente o governo como cúmplice nas "manifestações subversivas" que então se efetuavam no Rio de Janeiro. Lá está escrito, no seu voto, textualmente, que o projeto não passava de... "pretexto para agitação, revolução e subversão social, aproveitado por anarquistas" ...; que o gabinete só pensava em... "lisonjear os anarquistas e gritadores das ruas" ... e por isso favorecia as.. "passeatas incendiárias e demonstrações estrondosas"... Mais ainda: permitia-se que certa "associação comunista" promovesse... "ruidosa agitação contra uma propriedade legal, em edifí-

[103] PEREIRA, op. cit., p. XII.

> cios públicos, no seio de uma escola de ensino superior"... Ora, aquelas "manifestações subversivas" eram apenas as manifestações organizadas pela Confederação Abolicionista, em cuja direção figuravam, entre outros, André Rebouças, Bittencourt Sampaio, Aristides Lôbo, José do Patrocínio, José Américo dos Santos, João Clapp, etc. Quanto à "ruidosa agitação" realizada no edifício de uma escola superior, por uma "associação comunista", outra coisa não foi senão uma festa promovida pelo Centro Abolicionista da Escola Politécnica, do qual faziam parte alguns professores que se chamavam André Rebouças, Enes de Souza, Paulo de Frontin, Getúlio Neves, Benjamin Constant...".[104]

Fortemente ancorado em uma tradição de análise marxista, da qual nunca abriu mão, Astrojildo Pereira defende a tese de que o fim da escravidão era a solução, acima de tudo, para as relações contraditórias entre as relações de produção e as forças produtivas. Ou, em suas palavras:

> Em boa e lídima verdade, a pugna entre o ódio e a esperança era apenas a expressão, em termos altos de eloquência, de outra espécie de pugna, que se travava no chão duro e rasteiro da economia. Por motivos diversos, mas convergentes, que os estudiosos da nossa história bem conhecem, a seguinte situação se desenhou, em dado momento da economia brasileira: a escravidão, sobre a qual descansara até ali todo o nosso sistema de produção, já não bastava para sustentar o ritmo de desenvolvimento dessa produção".[105]

Analisando a situação social e econômica de nosso desenvolvimento, marcado na segunda metade do século XIX pela introdução de significativas inovações tecnológicas — estas representadas, por exemplo, pela estrada de ferro e pelo arado — e político-sociais — como a introdução do trabalho livre estrangeiro, por exemplo —, e, por isso mesmo, pela intensificação das relações do Brasil com parceiros estrangeiros, sintetiza as razões da abolição da seguinte forma:

[104] PEREIRA, op. cit., p. XXV-I.

[105] PEREIRA, op. cit., p. XXIX.

> Tudo isso — fatores internos e externos que se entrelaçavam e cada vez mais ampliavam o seu raio de influência sobre as condições econômicas do país — ia criando um ambiente novo, em que as forças produtivas nacionais se viam compelidas a buscar novas formas e novos processos de trabalho, sob pena de deperecimento (*sic*). A escravidão, que teria representado um recurso inelutável, nas condições em que foi estabelecida a economia colonial, se convertera já num empecilho ao desenvolvimento ulterior daquelas forças produtivas.[106]

No entanto, a abolição da escravidão em 1888 foi um primeiro, mas tímido e insuficiente, passo em direção ao desenvolvimento econômico e político brasileiro. Foi necessário esperar a República para que novas reformas fossem realizadas. Numa positiva, mas nada entusiasmada avaliação dos feitos republicanos ele afirma:

> Efetivamente, a reforma de 13 de maio foi apenas a primeira de uma série de reforma, que a coroa não pode ou não soube conceder, e por isso tiveram de ser realizadas pela revolução republicana. Tivemos então, com o 15 de novembro, a federação, a desoligarquização do senado, a liberdade religiosa, um começo de democratização do voto... Todas as reformas constantes do programa de Rui, exceto uma — e justamente a mais importante de todas, aquela que representava a condição econômica, política e social indispensável à rigorosa aplicação da reforma de 13 de maio: a desenfeudação da propriedade.[107]

Isso porque, defende Astrojildo Pereira, "em 1888 se resolveu a metade da questão. A outra metade permaneceu intacta, e intacta permanece até hoje". E para fundamentar esta sua tese cita, em nota, João Mangabeira que, em seu livro *Rui - O Estadista da República*, afirmara:

> Cinquenta e cinco anos se passaram sobre esse programa e a propriedade continua enfeudada. Na mais reacionária, iníqua e estúpida de suas formas — na enfieuse, instituto do direito romano, expandido sob o domínio

[106] PEREIRA, op. cit., p. XXXIII-IV.

[107] PEREIRA, op. cit., p. XXXV.

> feudal. Forma parasitária da propriedade, pela qual o landlord usufrui e dissipa, nas cidades, o foro que lhe paga o camponês, na dura labuta de todos os dias, curvado na terra, 'mãe' comum de todos os homens.[108]

Assim, Astrojildo Pereira, ao comentar os textos de Rui Barbosa e ao estabelecer a interlocução com seus contemporâneos e intérpretes do pensamento ruiano, conduz o leitor a avaliar que a abolição e as reformas realizadas com a proclamação da República não teriam sido suficientes para a integração plena da população negra no mercado de trabalho e na vida política nacional. Faltara, segundo sua avaliação, a mais importante das reformas: a reforma agrária, a reforma da terra. E essa era, para ele, segundo podemos depreender de suas palavras, uma dívida ainda não saudada pela nação com parte significativa de seus cidadãos.

CONSIDERAÇÕES FINAIS

A ideia de que os prefácios deveriam cumprir o papel de informar ao público leitor, de forma mais objetiva possível, sobre as circunstâncias do aparecimento de uma obra e daquelas que presidiram a sua organização e publicação, não foi entendida da mesma forma por todos os convidados a participar do projeto. Isso obrigou a Comissão Organizadora das Obras Completas, Américo Lacombe à frente, a estabelecer regras mais claras para esse trabalho e, ao mesmo tempo, restringir o número de convidados. Ambas as decisões foram tomadas, segundo Lacombe, para uniformizar mais as intervenções dos organizadores e prefaciadores nos tomos publicados.

Atuando como mediador — entre o tempo da produção da obra e o tempo em que atuavam; entre as obras e os leitores; entre o cidadão exemplar Rui Barbosa e o comum cidadão brasileiro —, produziu e divulgou o que lhe parecia ser as melhores chaves de leitura para a produção ruiana sobre a questão da abolição. A escolha por enfatizar, no prefácio, a possibilidade de mobilizar Rui Barbosa para uma interpretação ou reinterpretação de nosso passado mais ou menos imediato, e também, alternativa ou complementarmente, para estabelecer ou atualizar doutrinas na área em questão, era solidária com a atuação voltada para o estabelecimento de um Rui Bar-

[108] MANGABEIRA, João. *Rui* — O Estadista da República. Rio de Janeiro: José Olympio, 1943. (Coleção Documentos Brasileiros, n. 40). O trecho que Astrojildo Pereira cita à página XXXVIII do seu prefácio encontra-se à página 288 do livro de João Mangabeira.

bosa herói político nacional e/ou moderno intelectual ocidental. Do mesmo modo, em suas práticas de apropriação cumpriam o fundamental papel de atualização da memória e da história em torno do legado de Rui Barbosa para a cultura brasileira (e ocidental!) e, sobretudo, sobre a própria figura desse herói brasileiro.

REFERÊNCIAS

ALENCAR, José Almino de. Deus está no detalhe. *Revista Brasileira*, Rio de Janeiro, fase VII, ano XV, n. 60, p. 171, jul./set. 2009.

BARBOSA, Rui. *Pareceres sobre o ensino secundário e superior*. Rio de Janeiro: Casa Rui Barbosa. *Obras Completas de Rui Barbosa*. v. 9, t. I, 1942.

BEZERRA, Benedito Gomes. *Gêneros introdutórios em livros acadêmicos*. 2006. 243f. Tese (Doutorado em Letras) - Universidade Federal de Pernambuco, Recife, 2006.

CERTEAU, Michel de. *A invenção do cotidiano*. Petrópolis: Vozes, 1994.

CHARTIER, Roger. *A história cultural*. Rio de Janeiro: DIFEL, 1990.

FOUCAULT, Michel. *A ordem do discurso*. Rio de Janeiro: Loyola, 1996.

FREIRE, Gilberto. Vinte e cinco anos depois. *Anuário Brasileiro de Literatura - 1943-1944*, Rio de Janeiro, 1945.

FUNDAÇÃO CASA DE RUI BARBOSA (FCRB). *Relatório de atividades relativas ao ano de 1940*. Rio de Janeiro: FCRB, 1941.

JORGE, Salomão. *Um piolho na Asa da Águia* – em defesa de Rui Barbosa, resposta a R. Magalhães Junior. Rio de Janeiro: Edições MM, 1973. 553p.

JÚNIOR, Raimundo Magalhães. *Rui* – o homem e o mito. 2. ed. Rio de Janeiro: Civilização Brasileira, 1964/1965, 468 p.

LACOMBE, Américo Jacobina. A publicação das obras completas de Ruy Barbosa. *Anuário Brasileiro de Literatura - 1943-1944*. Rio de Janeiro, Livraria Editora Zelio Valverde, 1945.

LIMA, Herman. *Rui e a caricatura.* Rio de Janeiro: Casa de Rui Barbosa, 1949.

LUSTOSA, Isabel. *Lacombe narrador.* Rio de Janeiro: Fundação Casa de Rui Barbosa, Série Papéis Avulsos, n. 24, 1996.

MANGABEIRA, João. *Rui* — O Estadista da República. Rio de Janeiro: José Olympio, 1943. (Coleção Documentos Brasileiros, n. 40).

MARTINS, Wilson. *História da Inteligência Brasileira.* São Paulo: Cutrix; EDUSP, 1978.

OLIVEIRA, Manuel Edison de. *A constituição do gênero prefácio no universo acadêmico.* 2009. 182 f. Tese (Doutorado em Língua Portuguesa) - Pontifícia Universidade Católica de São Paulo, São Paulo, 2009.

PEREIRA, Astrojildo. *Prefácio às Obras Completas de Rui Barbosa.* Rio de Janeiro: Fundação Casa de Rui Barbosa, 1945. v. 7, t. I.

PIMENTEL FILHO, Francisco Mendes. *Vultos e assuntos de destaque.* Rio de Janeiro: Jornal do Comércio, 1943.

VISCARDI, Claudia Maria Ribeiro. *Teatro das oligarquias*: uma revisão da "política do café com leite". Belo Horizonte: C/Arte, 2001.

Sobre os (as) autores (as)

Ilka Miglio de Mesquita

Graduada em História pela Pontifícia Universidade Católica de Minas Gerais (PUC Minas). Mestre em Educação pela Universidade Federal de Uberlândia (UFU). Doutora em Educação pela Universidade Estadual de Campinas (UNICAMP). Pós-Doutora em História da Educação pela UFMG. Professora da Universidade Tiradentes (UNIT) – Aracajú (SE). *E-mail:* <ilkamiglio@gmail.com>.

Juliana Cesário Hamdan

Graduada em Pedagogia. Mestrado em Políticas Públicas e Educação. Doutora em História da Educação pela UFMG. Pós-Doutora pelo Programa de Pós-Graduação em Educação da FaE/UFMG. Professora Adjunta do Departamento de Educação (DEEDU), da Universidade Federal de Ouro Preto (UFOP). *E-mail:* <julianach@globo.com>.

Marcus Vinícius Fonseca

Graduado em Filosofia pela Pontifícia Universidade Católica de Minas Gerais (PUC Minas). Mestre em Educação pela Universidade Federal de Minas Gerais (UFMG). Doutor em Educação pela Universidade de São Paulo (USP). Pós-Doutor em Educação pela UFMG. Professor Adjunto II do Departamento de Educação e do Programa de Pós-graduação em Educação da Universidade Federal de Ouro Preto (UFOP). *E-mail:* <mvfonseca2@yahoo.com.br>.

Matheus da Cruz e Zica

Graduado em História pela UFMG. Mestre e Doutor em História da Educação pela UFMG. Pós-Doutor pelo Programa de Pós-Graduação em Educação da FaE/UFMG.

Professor Adjunto do Departamento de Fundamentação da Educação do Centro de Educação da Universidade Federal da Paraíba (UFPB). *E-mail:* <matheusczica@gmail.com>.

Luciano Mendes de Faria Filho

Pedagogo pela Universidade Federal de Minas Gerais (UFMG). Mestrado em Educação pela Universidade Federal de Minas Gerais (UFMG). Doutor em Educação pela Universidade de São Paulo (USP). Professor Titular da FaE/UFMG. Diretor do Centro de Pesquisa, Memória e Documentação. Membro do Conselho Deliberativo do CNPq e da Câmara de Ciências Humanas, Sociais e Educação (CHE da FAPEMIG). Professor da FaE/UFMG. *E-mail:* <lucianomff@uol.com.br>.

Vera Lúcia Nogueira

Pedagoga. Mestre e Doutora em Educação pela Faculdade de Educação da UFMG. Realizou estágio de Pós-Doutoramento na FaE/UFMG. Professora do Departamento de Fundamentos Sócio-históricos e Filosóficos da Educação e do Programa de Pós-Graduação em Educação (PPGE) da Universidade do Estado de Minas Gerais (UEMG). *E-mail:* <vlnogueira2010@gmail.com>.

A Coleção **Pensar a Educação Pensar o Brasil** é fruto de uma parceria entre a *Mazza Edições* e o *Projeto Pensar a Educação, Pensar o Brasil – 1822/2022.* Este Projeto, desenvolvido em parceria por docentes e discentes da Pontifícia Universidade Católica de Minas Gerais, da Universidade Federal de Ouro Preto e da Universidade Federal de Minas Gerais, envolve ações de ensino, pesquisa e extensão que buscam refletir sobre o lugar da educação no âmbito dos projetos de Brasil delineados ao longo de nossa história. Fazem parte do Projeto um *Programa de Rádio*, levado ao ar toda semana na *Rádio UFMG Educativa*, *Seminários Anuais* sobre temas relevantes para a educação Brasileira e a presente *Coleção.*

Integram a Coleção cinco séries: *Série Seminário*, *Série Estudos Históricos*, *Série Clássicos da Educação Brasileira*, *Série Diálogos* e *Série Ensaios.*

A **Série Seminários** publica os textos apresentados nos Seminários Anuais do Projeto, dos quais participam os mais importantes pesquisadores em educação do País. A **Série Estudos Históricos** publica trabalhos de história da educação e de áreas afins que contribuam para alargar o entendimento sobre o lugar da educação no âmbito dos projetos de Brasil delineados ao longo de nossa história. A **Série Clássicos da Educação Brasileira** traz resenhas introdutórias das principais obras sobre educação brasileira publicadas pelos principais pesquisadores em educação do País. A **Série Diálogos** publica textos que buscam fortalecer o intercâmbio entre o professorado da educação básica e os(as) pesquisadores(as) das diversas áreas da educação. A **Série Ensaios** publica interpretações da relação entre a educação e as grandes questões que marcaram e marcam a história da sociedade brasileira nos últimos 200 anos.

O objetivo da Mazza Edições e do *Projeto Pensar a Educação Pensar o Brasil – 1822/2022* é que a Coleção contribua para a discussão da educação brasileira e, por meio desta, da constituição da própria sociedade brasileira.

Este livro foi composto em Minion Pro Cond e impresso
em papel Offset 75 g/m² (miolo) e Cartão 250 g/m² (capa),
no mês de junho de dois mil e quinze.